REBELDES DEL DESEO

CARLOS BAREA

Rebeldes del deseo

Gais, lesbianas y bisexuales en la creación artística del siglo XX

PLAZA & JANÉS

Papel certificado por el Forest Stewardship Council®

Primera edición: mayo de 2025

Travessera de Gràcia, 47-49. 08021 Barcelona

Esta obra ha recibido una ayuda a su creación del Ministerio de Cultura a través de la Dirección General del Libro, del Cómic y de la Lectura

Printed in Spain – Impreso en España

ISBN: 978-84-01-03671-2
Depósito legal: B-4707-2025

Compuesto en M. I. Maquetación, S. L.

Impreso en Black Print CPI Ibérica S. L.
Sant Andreu de la Barca (Barcelona)

L 0 3 6 7 1 A

A todas las personas que han hecho posible
que nuestras vidas sean dignas de ser vividas

Porque es necesario que sepáis todos que los hombres no trabajamos para nosotros, sino para los que vienen detrás; y que este es el sentido moral de todas las revoluciones y, en último caso, el verdadero sentido de la vida.

FEDERICO GARCÍA LORCA

Índice

Prólogo

En los últimos años, el nombre de Carlos Barea (Granada, 1987) ha despuntado como uno de los referentes ineludibles del panorama cultural y artístico en nuestro país. Desde un inquebrantable compromiso con las memorias y el presente de las personas LGTBIQ+, Barea atesora ya una admirable obra en la que confluyen la pulsión creativa, el activismo, la docencia y la divulgación. Si el carácter de una persona es su destino —según el pensamiento de Heráclito de Éfeso que aparece en este libro en la refección poética de Luis Cernuda—, la bondad de Barea es la brújula que orienta toda su actividad. En efecto, los que contamos con la fortuna de su trato sabemos que Carlos es alguien decididamente «bueno» en el sentido machadiano del término. Y me permito esta nota personal porque comprendo que en nuestra época el ejercicio de la bondad es una decisión valiente. Ahora que el matonismo y la chulería han llegado a los parlamentos y a los despachos presidenciales, ahora que imperan la insolidaridad y el narcisismo más individualista, ahora que se cuestionan sin escrúpulo las libertades y derechos conquistados en las últimas décadas, debemos apreciar y celebrar a las mujeres y a los hombres que persisten en el lado de lo común.

Nuestro autor ha consagrado gran parte de vida y de su obra al estudio, recuperación y reivindicación de una genealogía LGTBIQ+ y lo ha hecho con libertad y entusiasmo infatigables. Ha escrito, dirigido y participado en obras sobre Pepe Espaliú, Ocaña, Eloy de la Iglesia, Lola Flores, John Waters o Gloria Fuertes. Su mirada no se ha detenido ante taxonomías caducadas o prejuicios estériles, sino que se ha adentrado en manifestaciones artísticas a menudo denostadas para descubrirnos, aun en sus contradicciones, gestos transcendentales de resistencia y de visibilidad.

En *Rebeldes del deseo*, Barea prosigue esta labor de recuperación y nos entrega veinte retratos vibrantes de artistas gais, lesbianas y bisexuales del siglo xx. En efecto, esta obra forma parte de la reivindicación de una genealogía hasta ahora silenciada, ocultada, dispersada o velada por los eufemismos. El silencio y el olvido son formas de seguir ejerciendo violencia sobre vidas ya concluidas; la presencia de Federico García Lorca, cuyo cuerpo sigue desaparecido tras su asesinato, en la cubierta nos lo recuerda, aunque por la profusión de estudios sobre su vida no sea uno de los artistas seleccionados. Este libro se alza, humilde pero decidido, frente a esa maquinaria de la invisibilización.

Los que vivimos adolescencias LGTBIQ+ —sin que tuvieran entonces esas siglas ni ningún otro nombre— todavía sentimos la soledad de aquellos años fundacionales. Nuestra existencia, en el mejor de los casos, contaba con la complicidad y amor de nuestras familias y de algunas amistades, pero el silencio, la vergüenza, el desprecio y la burla eran la norma en la esfera pública. Casi siempre las ficciones mostraban el triste destino de quienes entre nosotros se atrevían a «decir la verdad de sí mismos». Con todo y pese a todo, aprendimos a leer en el interlineado y a sondear la ambigüedad, a reconocer los indicios, las huellas, la supervivencia de nuestros «semejantes», a buscar en el pasado los nombres de las mujeres y de los hombres que nos precedieron para encontrar también ejemplos de dignidad y de alegría. Y lo hicimos no solo porque todos ansiamos referentes y necesitamos pertenecer a comunidades reales y simbólicas sino porque es nuestra tarea devolver a aquellas existencias algo de su dignidad arrebatada con el recuerdo de los tormentos que atravesaron, pero también con la celebración de su resistencia y de las obras que su talento nos entregó.

La veintena de biografías que componen *Rebeldes del deseo* conforman una reivindicación luminosa de nuestras propias vidas, porque las mujeres y hombres que integran este álbum nos miran desde el siglo XX para recordarnos que, aun separados por las décadas, son nuestros semejantes, nuestros familiares, nuestros amigos; son nosotros antes de nosotros. Ojalá haber contado con un libro así en mi adolescencia. Siento, no obstante, la alegría de saber que los jóvenes de ahora sí podrán acudir a sus páginas para descubrir y descubrirse, pare reconocer en esas vocaciones la propia, y, ante todo, para saber que formar parte de una comunidad valiosa que ha contribuido decisivamente a los logros culturales de la Humanidad.

Uno de los muchos aciertos de este libro es situar el deseo como núcleo de la disidencia, con independencia de los nombres, formas o instituciones que puedan contenerlo después. En su lúcido ensayo *Butes*, Pascal Quignard nos recuerda que, en su étimo, los disidentes son aquellos que se atreven a levantarse del asiento común para seguir el deseo propio. Creo que uno de los párrafos de este ensayo describe con exactitud la voluntad de Carlos Barea con este libro:

> Hay que abrir un instante la puerta de un libro a estos héroes de la vida legendaria o a estos fantasmas de la vida histórica que han sido abandonados, bien porque sus ejemplos eran contarios a la reproducción social, bien porque sus proezas despreciaban las elecciones estéticas más populares, bien porque su determinación contravenía los mandamientos religiosos que reúnen a las naciones en el vínculo poderoso de la guerra. Hay que dejar una silla vacía para los que han sido injustamente condenados al ostracismo.

En sintonía con esta idea, Carlos Barea ha dispuesto veinte sillas para veinte rebeldes del deseo, ampliando la nómina con coprotagonistas excepcionales como Álvaro Retana, Vicente Aleixandre, el ya citado Federico García Lorca, Sergei Diáguilev, Pepe Ocaña, Nazario Luque, Ralf König, Robert Mapplethorpe, Gloria Fuertes, Ventura Pons, Pedro Almodóvar, Alaska, etc. Entre los veinte seleccionados, algunos nombres son conocidos por el gran público; otros, como los de Victorina Durán o Pepito Zamora, constituirán un gran descubrimiento. En cualquier caso, Barea sabe y declara la subjetividad de la selección. No quiero adelantar aquí los criterios que el propio autor declarará en las páginas que siguen. Todos atesoramos devocionarios, altares y mitomanías. Considero que lo más pertinente es descubrir los nombres compartidos, los inesperados y también comprender aquellos que nos resultan más ajenos.

Es admirable la capacidad de síntesis de Barea para contener cada vida en unas pocas páginas. Nuestro autor ha sabido seleccionar los rasgos, gestos y acciones significantes de cada protagonista —los biografemas, en el neologismo de Barthes— para abrir una puerta de entrada a esas existencias. Nos corresponde a nosotros cruzarla.

En griego clásico, un *mártir* es el testigo de un acontecimiento excepcional; muchas veces su propio cuerpo es el testimonio de esa herida. Este libro nos presenta, en sus cinco secciones, veinte testimonios de una batalla siempre inacabada por el respeto y la dignidad. Son nombres seleccionados entre las filas de la creación artística del siglo XX. Tienen el raro privilegio de alumbrar las innumerables vidas anónimas que se reconocieron en sus poemas, canciones, películas, cuadros, etc. Quisiera asimismo que este libro llegara también a las personas que no forman parte del «colectivo»: no sólo porque las vidas aquí contenidas son apasionantes y valiosas sino porque su destino nos atañe a todos. Más allá de su condición histórica y de referentes, se alza la humanidad de los protagonistas de *Rebeldes del deseo*; a todos, con independencia de nuestras biografías, nos interpelan estas vidas que dan testimonio de nuestra condición humana.

Hay, sí, silencios y dolor en estos perfiles; también alegría, placeres y luminosas victorias entre las filas de estos rebeldes. Los más valientes pusieron el cuerpo para defender su dignidad y sufrieron la cárcel, el exilio, las violencias físicas y simbólicas. Gracias a su valentía, en algunos lugares del mundo se dieron pasos fundamentales para que pudiéramos vivir con mayor igualdad. Hemos aprendido que esos derechos conquistados son frágiles y que cualquier crisis —económica, de salud, de seguridad— es el pretexto para cuestionarlos y arrebatarlos.

La memoria es siempre una lectura ética y responsable de la Historia porque nos señala cuántos de nuestros derechos y de nuestras heridas nacen de la pervivencia de hechos pasados. El pasado, en efecto, es lo único que podemos mirar de frente. Si lo hacemos con cuidado y atención, quizá el futuro no nos sorprenda tan desarmados. La memoria es, en efecto, un lugar en el que permanecer vigilantes ante las nuevas andanadas del odio; se trata entonces de una cuestión de futuro. Este libro, por tanto, no sólo habla de nuestro pasado sino de la disputa presente por nuestros futuros.

Como bien indica el propio autor en su introducción, el libro que hoy nos ocupa hubiera sido imposible hace unas décadas. No ignoramos que hoy, en 2025, éste será un libro sospechoso y hasta amenazado en algunos despachos, instituciones y grupos. No obstante, la veintena de vidas que salvaguardan sus páginas son el ejemplo vivo de nuestra resistencia. Nos toca, como siempre, perseguir nuestra dignidad y nuestra alegría porque tal como indica Carlos: «Si hay algo claro en todo esto es que estuvimos, estamos y estaremos».

Alberto Conejero
Dramaturgo y poeta

Nota del autor

Antes de iniciar la lectura de *Rebeldes del deseo*, querido lector, considero necesario hacer un par de puntualizaciones con respecto a su contenido.

En primer lugar, es de recibo aclarar el motivo por el que en esta obra no aparecen personas trans, algo que ya queda en evidencia desde el propio subtítulo del libro. Esta ha sido una cuestión que he ido cavilando a lo largo del proceso de escritura y que, como tantas cosas en esta vida, nunca sabré a ciencia cierta si la decisión tomada ha sido la acertada. En este caso concreto, y tras meditarlo mucho, la razón de no incluir a personas trans viene dada por la existencia de otra obra que ya ha presentado a un magnífico elenco de artistas no cisexuales que se dedicaron al mundo del arte, el espectáculo en su mayoría, en el siglo XX. Incidir en estos nombres, que tan bien ha tratado Valeria Vegas en su *Libérate. La cultura LGTBQ que abrió camino en España* (Dos Bigotes, 2020), me resultaba un tanto redundante y, a mi parecer, poco aportaba a esta obra si ya había otras fuentes recientes a las que acudir. Desgraciadamente, me ha sido imposible encontrar ejemplos de otras personas trans en el mundo artístico español del siglo XX fuera del cine o los escenarios que encajara en el espíritu del libro y que ya Valeria no hubiera recogido. Eso sí, otro gallo nos hubiera cantado si me hubiera adentrado en el siglo XXI, ya que, por suerte, la presencia de personas trans en diferentes campos artísticos ha ido creciendo de forma exponencial.

En segundo lugar, también me gustaría aclarar que he optado por no usar el término «LGTBIQ+», así como todas sus variantes. A mi parecer, referirse a personajes del siglo XX con esta etiqueta resulta anacrónico, ya que es una denominación que surge en los años noventa. Además, su uso se me antoja un tanto injusto cuando hay, como acabo de señalar, una ausencia de la letra T en esta obra. Estoy seguro de que a lo largo del libro aparecerán otros anacronismos, pero este es el más grande que pretendía evitar.

Por último, querría subrayar que mi pretensión con este libro no ha sido otra que la de darle un lugar a una serie de artistas que tuvieron que esconderse debido a su disidencia sexual o, por el contrario, arriesgarse a sufrir las consecuencias de vivirla en libertad. Todo ello sin ningún tipo de sesgo deliberado, más allá de la propia selección de los nombres propios, que ha sido un duro trabajo. Quizá es importante aclarar esto cuando nos estamos encontrando, cada vez más a menudo, ataques hacia nuestras hermanas trans y no binarias que se salvaguardan bajo el paraguas de la etiqueta *queer* o el + de nuestras siglas y a las que constantemente intentan expulsar de unos y otros espacios.

Así que ojalá, querido/a/e lector/a/e, consideres este libro lo más parecido a un espacio seguro. Con todas sus imperfecciones, opiniones y valoraciones subjetivas. Con quizá alguna que otra metedura de pata, aseveraciones inconscientes o juicios de valor. Ya se sabe que oprimir a través del lenguaje es tan fácil que muchas veces lo hacemos sin tan siquiera darnos cuenta, incluso los que pretendemos tener el máximo cuidado con ello. Eso sí, quiero que quede claro que todo lo que viene a continuación tiene la mejor de las intenciones y su único fin es el de honrar a los artistas que aquí aparecen, así como a un colectivo, al cual pertenezco, que ha tenido que ingeniárselas de mil millones de formas para mantenerse presente en la historia. Todo lo que se escape de ahí es, simple y llanamente, producto del espíritu errático de este que aquí escribe. Espero que, por favor, sepáis perdonármelo.

LA RAZA DE LOS MALDITOS

La obra que tienes entre las manos no hubiera podido ver la luz hace cincuenta años. Ni siquiera hace treinta. Incluso en la actualidad habrá algunas voces que se alcen contra ella o contra su contenido, algo que no es de extrañar, puesto que este libro trata precisamente de eso: de la imposibilidad de la existencia. O, mejor dicho, de los obstáculos que nos han puesto a las personas que habitamos los márgenes sociales para desarrollarnos de forma pública, para ser visibles, para gritar al mundo quienes realmente somos.

Decían que la homosexualidad era contagiosa, un mal que había que erradicar si no se quería contaminar al resto de las manzanas. Tanto era así que no se han escatimado esfuerzos para conseguirlo, desarrollando mecanismos que hicieran de pantalla para ocultarnos de los demás. Ejemplo de ello fue, sin ir más lejos, el cine español de la dictadura, que solo toleraba a los personajes homosexuales si eran asesinos, enfermos, psicópatas, acababan muertos o todo a la vez. Era como poner una cabeza cortada en la pica a la entrada de la aldea: «Esto es lo que te pasará si no sigues el camino marcado».

Pero esta práctica no solo se daba en países donde la dictadura y la represión eran la forma de gobierno habitual, sino también en estados presumiblemente avanzados. En Estados Unidos el código Hays, el sistema de autorregulación que determinó de lo que se podía hablar y de lo que no en el Hollywood de mediados del siglo XX, prohibía, entre otras cosas, la homosexualidad en las tramas argumentales. Esta decisión, más política que artística, tenía como único fin proteger el puritanismo americano de aquellos que pretendían destruir la familia. De esta manera, la invisibilidad por parte de uno de los estudios más importantes del mundo se convirtió en otra forma de opresión, además de un intento desesperado por crear un cortafuegos a la autodeterminación sexual.

Tiempo después, cuando la libertad llegó a nuestro país —aunque no de la misma forma para todos los sectores sociales—, la cosa no cambió demasiado. Y es que el personaje disidente sexual que se presentaba en el cine de la Transición era, si no enfermo, caricaturesco: el mariquita peluquero, el que hacía reír, el que se intentaba ligar al marido de las señoras o el que alardeaba de una excesiva pluma —que era, cómo no, motivo de risas y ridículo.

Por tanto, podemos comprobar que a lo largo de nuestras vidas nos han estado diciendo lo que no debíamos ser ni hacer bajo ningún concepto si no queríamos convertirnos en el hazmerreír de nuestros coetáneos. Y del mismo modo, nos mostraban, a través de los juegos de la ficción, lo que nos podría pasar si, contra viento y marea, decidíamos desafiar las leyes «naturales» para vivir nuestra identidad tal y como realmente la sentíamos.

De esta manera, no parece difícil aseverar que la cultura siempre ha sido una herramienta útil para reforzar el mensaje de odio o, cuando menos, rechazo hacia nuestras identidades. El cine, la literatura, el teatro o la pintura como creadores de imaginarios que condenaban la diversidad sexogenérica a las llamas del infierno, incluso desde nuestra más tierna infancia. Porque no olvidemos que los malos de Disney siempre presentaban amaneramiento o rasgos de homosexualidad —Jafar, Úrsula, Gastón o Scar son tan solo algunos ejemplos de esos antagonistas un tanto «especiales»—. Este fenómeno, que se ha venido a denominar *queer coding*, reforzaba, de forma inconsciente, la idea negativa de la homosexualidad, asociándola con villanos y/o personajes infelices.

Y cuando parecía que la cosa iba mejorando, tras arduos años de lucha por alcanzar la igualdad, la crisis del sida dio al traste con lo conseguido hasta el momento. De nuevo, los apestados, los enfermos, el peligro social. Los castigados por Dios. De hecho, no podemos olvidar que en su primera etapa el VIH/sida fue denominado «cáncer rosa» o «cáncer gay», ya que afectó, en su mayoría, a varones homosexuales. Por este motivo, Ronald Reagan, el presidente de Estados Unidos en los inicios de la pandemia, no fue capaz de pronunciar la palabra «sida» —*aids* en inglés— hasta varios años después del surgimiento de los primeros casos.

A raíz de esto, la representación cultural se volcó en visibilizar la enfermedad y en denunciar el abandono institucional y social al que se vieron sometidas las víctimas del sida. Por tanto, esta fue una de las primeras veces que la creación cultural se puso de nuestro lado para ayudarnos a existir, a visibilizar nuestras problemáticas y se convirtió en una herramienta dispuesta a atajar las desigualdades. Pero este avance, al mismo tiempo, tuvo una doble vertiente: visibilizar la enfermedad provocaba que los jóvenes creyeran que ser gay era sinónimo de acabar en una cama, enfermo, moribundo y abandonado. Es más, para muchos, *Philadelphia*, la película dirigida por Jonathan Demme y protagonizada por Tom Hanks en 1993, era algo parecido a visualizar su futuro si se decidía escoger «ese camino».

No obstante, este libro, aunque hasta ahora no lo parezca, no quiere ahondar demasiado en las dificultades que ha tenido la cultura disidente para surgir y presentarse ante el mundo. No. De hecho, su intención es justo la contraria. Por una vez, en esta obra queremos, ante todo, celebrar lo conseguido y recordar a esos artistas que lograron, de una forma más o menos evidente, abrirse paso entre la hegemonía cisheterosexual, a pesar de los numerosos intentos de silenciamiento o de invisibilización de esa «vertiente desviada». Y para muestra un botón, ya que el que escribe estas palabras, que fue un niño de los noventa criado en Granada, tuvo que irse a vivir a Madrid para enterarse de que Federico García Lorca, nuestro poeta más universal, era homosexual. Y eso que lo había estudiado en cada uno de los niveles educativos por los que había pasado.

De igual modo, también supo de forma tardía que los premios Nobel Vicente Aleixandre o Jacinto Benavente tenían a bien compartir cama con otros hombres o que Rafael de León, el compositor de las coplas más conocidas de nuestro país, nunca ocultó su homosexualidad. Tampoco recuerda haber leído que Luis Cernuda, uno de los máximos exponentes de la poesía española del siglo xx, se enamoró de un culturista o que Carmen Conde, la escritora de la generación del 27 y primera mujer académica de la Real Academia Española, compartió parte de su vida con la también escritora Amanda Junquera.

Estos son tan solo algunos ejemplos de lo que podremos descubrir en las siguientes páginas. Eso sí, no espere el lector encontrar un ensayo al uso con datos exhaustivos y una catalogación académica, ya que esta obra no pretende ser fidedigna, sino justa. Justa con los artistas que a este humilde recuperador de memoria y a muchos como él les salvaron la vida al mostrarles historias en las que poder verse reflejados. Así pues, sus nombres se han convertido en los pilares en los que asentar las bases de nuestra cultura disidente contemporánea, ahora denominada LGTBIQ+, género, si podemos llamarlo así, que hoy disfruta de una reputación y un éxito sin precedentes —aunque todavía con alcance limitado y con mucho camino aún por recorrer.

Ellos y ellas son, por tanto, las raíces más profundas de nuestro árbol genealógico cultural y, como tal, debemos honrarlos y respetarlos por todo lo que nos han dado, además de por lo que, tristemente, tuvieron que dejarse por el camino.

Alentados por la estela de quienes nos precedieron, debemos seguir contando nuestras historias, ahora de una forma explícita y empoderada, pero sin olvidar a todos aquellos que hicieron lo imposible por darnos la dignidad narrativa —en cualquiera de sus soportes— que nos merecemos. Sirva este libro, por consiguiente, como un homenaje a todos ellos;

tanto a los que aparecen entre sus páginas como a los que han tenido que quedarse fuera. Alzo, pues, mi copa y brindo por su trabajo, por su fuerza y por su perseverancia, que es lo que realmente ha permitido que lleguemos hasta donde estamos. Y hasta donde todavía, desde luego, tenemos que llegar.

LOS *ENFANTS TERRIBLES* DE LAS LETRAS

«Estoy en lo más profundo del infierno y ya no sé rezar», escribía Arthur Rimbaud, uno de los *enfants terribles* más terribles, valga la redundancia, de la historia de la literatura. De hecho, fue su pareja, el poeta francés Paul Verlaine, quien acuñó el término «poeta maldito», etiqueta con la que se definirían a partir del siglo XIX a un gran número de autores díscolos, casi como si de un género literario propio se tratase. Y es que con la publicación del ensayo *Los poetas malditos* (1884), Verlaine intentó definir a esa tipología de artista que se zambullía sin miramientos en el abismo, que tocaba fondo cada noche y que no tenía más remedio que convivir con el regusto amargo del fracaso vital.

Y es que ser maldito, desde luego, no resulta nada fácil. Constantemente se pone en tela de juicio la existencia, las decisiones, los errores o las caídas al vacío de esos personajes que no pudieron o no quisieron hacerlo mejor —como si existiera unanimidad a la hora de saber en qué consiste eso de «hacerlo mejor»—. Fueron aquellos que habitaron la línea entre el bien y el mal, que circundaron los márgenes de los márgenes y que practicaron un masoquismo autoinfligido. Los que cuestionaron, en resumidas cuentas, la moralidad de una sociedad que siempre ha mirado por encima del hombro a los suicidas, a los drogadictos, a los depresivos.

En la mayoría de los casos, además, el talento de estos autores era inversamente proporcional a la reputación que los acompañaba. Borrachos, agresivos, autodestructivos, enfermos o *locos*. Un puñado de asociales enfrentados a un mundo que se les hacía cuesta arriba y con el que se negaban a comulgar, costara lo que costara. *Outsiders* tocados por el divino don del talento literario que galoparon cual perros rabiosos sobre las convenciones sociales.

Así pues, al mismo tiempo que eran despreciados, estos personajes también despertaban gran interés, incluso admiración, en muchos ámbitos, sobre todo el cultural. Porque vivir teniendo dentro una tormenta es vivir mirando a la muerte a la cara todos los días. Porque el sufrimiento, al menos eso han dicho siempre, es considerado una virtud, una especie de musa que despierta la creatividad y ayuda a producir obras de arte que rozan la perfección, que transforman el infierno interior en un producto artístico tan bello que casi acaricia lo divino. Como una flor de loto que surge entre el fango para mostrarse en todo su esplendor.

No obstante, también es necesario señalar que resulta difícil saber dónde se encuentra la fina línea que separa el mito de la realidad en la vida de estas personalidades, a veces insoportables, que viajaban a países exóticos en busca de jóvenes a los que seducir, eran víctimas de madres castradoras, ejercían la prostitución por los rincones de Barcelona o protagonizaban altercados de pareja que se zanjaban con un buen disparo. Porque si hay algo más real que sus propias vidas, es la reputación que el tiempo, la literatura y algún que otro editor avispado se han encargado de construir alrededor de estos nombres. Esos nombres propios que parecían venir de otro mundo para derramar su odio hacia la humanidad al mismo tiempo que nos regalaban las mieles de su talento.

Serán, por tanto, varios los nombres que desfilarán por las páginas de este primer capítulo dedicado a unos acérrimos practicantes del malditismo literario. Una selección de artistas que, si hubieran podido llegar a reunirse, se hubieran reconocido en sus miedos y temores. Un puñado de hombres atormentados que vivieron en distintas épocas y que no sabemos si bebieron el veneno de la homofobia interiorizada o que, simple y llanamente, encarnaron el papel de autor atormentado, un rol tan habitual —e incluso cotizado— en cualquier círculo literario que se precie.

ARTHUR RIMBAUD
(Charleville-Mézières, 1854 - Marsella, 1891)

Soy esclava del esposo infernal, de aquel que perdió a las vírgenes locas. Es ciertamente ese demonio.

Una temporada en el infierno (1873)

Julio de 1873. Una habitación de hotel en Bruselas. Una persona completamente enajenada dispara a otra en la muñeca. Luego, el aspirante a asesino le entrega el arma a su víctima y le pide que acabe con su vida. Esta se niega en redondo, se marcha a la casa familiar y escribe una de las obras poéticas más importantes de la literatura universal.

Este planteamiento, que a bote pronto bien podría ser el desmadrado argumento de una película de Netflix, no es otra cosa que el desenlace de la relación sentimental entre Arthur Rimbaud y Paul Verlaine, dos importantes poetas simbolistas franceses que vivieron una tortuosa historia de amor, más cercana a lo tóxico que a lo romántico, y que ha marcado para siempre la historia de las letras francesas.

Todo comienza dos años antes, cuando un jovencísimo

Rimbaud envía una carta a Paul Verlaine en busca de apadrinamiento, puesto que el poeta era una de las figuras más influyentes de los círculos intelectuales parisinos de la época. En la misiva incluye un par de poemas que llaman poderosamente la atención del veterano autor. Tanto es así, que Verlaine no tarda en contestar al escrito al que acompaña con un billete de tren con destino a París: «Ven, querida alma. Te esperamos, te queremos», le exhortó al inexperto pueblerino.

Sin embargo, ni Verlaine era el primer intelectual con el que Rimbaud había tratado de contactar, ni su marcha a París su primera fuga. De hecho, el muchacho había intentado huir de su pueblo en dos ocasiones previas para librarse de las garras de una madre maltratadora que agravó su régimen disciplinario en el momento en que el marido, un capitán del ejército francés, los abandonó cuando el poeta tenía tan solo siete años. No obstante, a la tercera fue la vencida y el joven Arthur, a punto de cumplir los diecisiete años, desembarcó en París a mediados de septiembre de 1871 auspiciado por un reputado poeta de veintisiete que acababa de casarse con Mathilde Mauté. El matrimonio, aparentemente feliz, esperaba, además, su primer hijo.

Rimbaud se instala en la casa familiar y enseguida comienza a moverse por los bajos fondos de la ciudad, arrastrando con él al hasta entonces comedido Verlaine. Borracheras, opio y una más que rumoreada relación homosexual —mademoiselle Verlaine llamaban al joven entre los círculos que frecuentaban— llevó al límite la convivencia con Mathilde, además de tirar por tierra el renombre del escritor. Asimismo, el comportamiento errático de ambos poetas comenzó a rebosar la paciencia de la élite intelectual parisina.

La gota que colmó el vaso llegó el día 2 de marzo de 1872. En un recital poético, Rimbaud, que estaba completamente borracho como era habitual, no paraba de interrumpir la declamación de un autor con valoraciones del tipo «Merde» al final de cada verso. Harto de esta actitud, uno de los asistentes, el fotógrafo Étienne Carjat, lo llamó «pequeño sapo». Esto, al parecer, no gustó demasiado al adolescente, ya que no dudó en asestarle un golpe en el brazo con un bastón estoque de hierro perteneciente a otro invitado, abriendo así la caja de Pandora.

Rebasados todos los límites, el pequeño delincuente no tuvo más remedio que marcharse de París y volver al pueblo durante una temporada, a la espera de que se calmaran los ánimos de aquel círculo que inicialmente lo había recibido entusiasmado al considerarlo el gran descubrimiento literario de los últimos tiempos. De hecho, voces tan consagradas como la de Victor Hugo llegaron a denominarlo «el Shakespeare niño».

Meses más tarde, con las aguas ya más tranquilas, el poeta pródigo vuelve a París y retoma el contacto con Verlaine. El joven, que está sufriendo una gran crisis existencial en la que llega a contemplar incluso la opción del suicidio, le cuenta a su compañero de correrías que ha decidido marcharse a Bélgica. «No volverás a verme, a menos que quieras acompañarme», le amenaza. La reacción del amante, cada vez más cegado por esta tóxica relación, fue inmediata: «Entonces, vamos».

Tras una corta estancia en el país vecino, viajan a Londres, donde intentan sobrevivir con el dinero que consiguen impartiendo clases de francés y con una pequeña asignación que les hace llegar la madre de Verlaine, aunque demasiado escueta para mantener los hábitos de consumo y las reiteradas juergas de la pareja. La tensa situación entre ambos, agravada por la falta de dinero y los continuos ataques, se vuelve ya insostenible. Al mismo tiempo, Verlaine comienza a sentirse cada vez más culpable por haber abandonado a su mujer y a su hijo recién nacido.

Así que un buen día el padre de familia decide marcharse a Bruselas, dejando a Rimbaud solo y sin dinero. A partir de ese momento, y en un intento desesperado por recuperar a su amante, el joven le escribe cartas de forma reiterada: «Vuelve, vuelve, querido amigo, único amigo, vuelve. Te juro que seré bueno. Si me he mostrado desagradable contigo, fue tan solo una broma; me cegué, y me arrepiento de ello más de lo que puedes imaginar», «La única palabra verdadera es: regresa, quiero estar contigo, te amo, si escuchas, demostrarás valentía y un espíritu sincero».

Sin embargo, Verlaine no se deja engatusar por las melosas y desesperadas palabras del poeta y se reafirma en su intención de recuperar a su esposa, la cual le había pedido el divorcio. Además, le advierte a su ahora examante de que si no lo consigue en pocos días, se suicidará.

Alarmado por este anuncio, Rimbaud marcha a Bruselas en busca de Verlaine, no se sabe si para evitar la desgracia o para intentar reconquistarlo. Y no le sale nada mal la jugada, puesto que retoman de nuevo el romance, que aderezan, una vez más, con alcohol y drogas. Días después, algo pasa por la cabeza de Rimbaud, ya que ahora es él quien decide romper el círculo vicioso en el que habían vuelto a caer. Como consecuencia de ello, el 10 de julio de 1873 Verlaine, completamente enajenado, saca un revólver que había comprado esa misma mañana y dispara al joven al grito de «¡Te enseñaré a irte!». Por suerte, la bala tan solo le hiere en la mano, aunque nunca se sabrá si fue por falta de puntería o un «simple» intento de intimidación. La cuestión es que Rimbaud, después de pasar por el hospital para ser curado, decide poner tierra de por medio. En la misma estación de tren, poco antes de partir, el examante reaparece y al joven le parece ver de nuevo el arma, por lo que avisa a la policía, que detiene a Verlaine de forma inmediata.

Una vez entre rejas, el mayor de los poetas es sometido a un examen médico, ya que a las autoridades les resulta un tanto perturbadora la relación entre los dos hombres; sospechas que ya venían alimentadas por la declaración de la esposa de Verlaine y por el análisis de la correspondencia entre ambos. Finalmente Rimbaud, dispuesto a olvidarlo todo, acaba retirando la denuncia, pero esto no evita que el agresor pase dos años en prisión, condenado tanto por su homosexualidad como por el incidente de la pistola.

Ya de vuelta en su pueblo, el postadolescente Arthur escribe *Una temporada en el infierno*, obra inspirada en su tormentosa relación, y en 1874 termina *Iluminaciones*, una serie de poemas en prosa que inició durante su estancia en Londres. Después de eso, con tan solo veinte años, deja la literatura para siempre.

A partir de 1875, su vida cambia de forma radical, convirtiéndose en un nómada de vida aventurera. Se alista en el ejército carlista español, del que pronto deserta. Algo parecido le ocurre en el ejército colonial neerlandés, que lo lleva hasta Java y, una vez en tierra firme, se pierde en la selva. Poco más tarde se une al circo Loisset como intérprete y recorre diferentes ferias en varios países. Luego marcha a Chipre una temporada y, por fin, se instala en Yemen. En 1884 se traslada a Etiopía, donde se convierte en traficante de armas, marfil, pieles y quizá también de esclavos, lo que le permite amasar una pequeña fortuna.

Ya estabilizado tanto social como económicamente, en febrero de 1891 Rimbaud siente un repentino dolor en la rodilla izquierda que con el paso de los días va empeorando. Es trasladado a un hospital en Zeilah, donde los médicos, impotentes al no dar con un diagnóstico, le recomiendan que vuelva a Francia para una revisión exhaustiva. A Marsella llega en barco tras trece días de viaje y allí recibe el fatal dictamen: cáncer de huesos. Enseguida le amputan la pierna, pero, en vista del futuro empeoramiento, su hermana Isabelle decide hacerse cargo de él. En esos últimos días, alejado ya de todo e intentando inútilmente sobrellevar el dolor, se debate entre la lucidez y la cordura: «Permanece despierto y su vida se va acabando con un sueño continuo, mientras dice cosas extrañas muy dulcemente, con una voz que me hubiera encantado si no me partiera el corazón», cuenta la hermana en una carta a la madre.

Su estado casi moribundo no se alargaría durante mucho más tiempo, puesto que pocos meses después del diagnóstico, el día 10 de noviembre de 1891, Jean Nicolas Arthur Rimbaud, el poeta maldito de corta trayectoria, muere en Marsella a los treinta y siete años.

Por su parte, la esposa de Verlaine consumó el divorció mientras él se encontraba entre rejas y este, una vez que fue libre, no consiguió enderezar su futuro. Pasó de nuevo por el calabozo al intentar estrangular a su madre y se enamoró de otro jovencito, un alumno del instituto en el que daba clase, al que también se llevó a tierras británicas. De vuelta en Francia, el pupilo muere debido a unas fiebres tifoideas y el profesor, asediado por un nuevo escándalo, se refugia de forma definitiva en las drogas y el alcohol. Muere el 8 de enero de 1896 a los cincuenta y dos años. En ese momento se encontraba en la más absoluta pobreza, pese a haber sido nombrado «Príncipe de los poetas» y haber recibido del Estado una pequeña pensión.

No obstante, antes de su marcha hizo una última aportación a la literatura francesa. Concretamente en 1884, cuando publica *Los poetas malditos*, una oda a diferentes autores, entre los que se encontraba él mismo y Rimbaud, su antiguo amante e iniciador de su imparable decadencia vital.

Mucho tiempo después, en el año 2020, un numeroso grupo de intelectuales franceses, respaldados por la entonces ministra de Cultura, Roselyne Bachelot, solicitaron de manera formal al presidente Emmanuel Macron que reuniera en el mausoleo de los grandes hombres de Francia a los dos poetas. La iniciativa no encontró apoyo por parte de la familia de Rimbaud, ya que Jacqueline Teissier-Rimbaud, tatarasobrina nieta del *enfant terrible*, se negó en redondo a ello, puesto que, según declaró, «Todo el mundo pensará: "homosexuales", pero no es verdad». Las evidencias, sin embargo, parecen decir lo contrario.

JEAN GENET
(París, 1910 - París, 1986)

En mi boca derrama el consistente semen
que pasa de tus labios a mis dientes, mi amor,
a fin de fecundar nuestras nupcias dichosas.

Poema «El condenado a muerte» (1942)

Con poco más de diez años, cuando apenas se le habían caído los dientes de leche, Jean Genet cometió su primer robo. Así pues, parece evidente que el destino, ya desde su más tierna infancia, tenía guardado a este escritor un puesto de honor entre las primeras filas de la marginación social.

Sin ir más lejos, su propio nacimiento fue fruto, según dictaban las normas de la época, de un accidente social del que pronto hubo que deshacerse. De padre desconocido y madre prostituta, fue entregado a los servicios sociales con tan solo siete meses y, tras permanecer varios años allí, fue adoptado por una familia de campesinos. Tampoco tuvo demasiado tiempo para adaptarse a su nueva vida, puesto que al poco les retiran la custodia y es ingresado de manera forzosa en un internado de formación profesional. Pero el espíritu indomable de Genet se manifiesta enseguida y no tarda en fugarse del centro, algo que hace en varias ocasiones. Como consecuencia de esta vocación escapista, además de por sus ya múltiples trapicheos, ingresa por primera vez en la cárcel a los quince años. Concretamente en el reformatorio de Mettray, lugar en el que, según reconoce el propio escritor en una entrevista para la revista *Quimera* en el año 1982, fue realmente feliz porque entre sus paredes descubrió —y practicó— su homosexualidad: «Todos los chicos tenían entre quince y veintiún años. No había más recurso que la homosexualidad [...] y eso es lo que me ha permitido decir que en el reformatorio yo era verdaderamente feliz».

Con dieciocho años sale de Mettray y se alista en la Legión, lo que le lleva a conocer el norte de Marruecos y Oriente Próximo, lugares con los que seguirá en contacto a lo largo de su vida, puesto que en su madurez se convertirá en un importante activista por los derechos del pueblo palestino y argelino, entre otras luchas. Sin embargo, en su juventud acabó desertando del ejército tras ser descubierto cometiendo «actos ilícitos» con un compañero. O, dicho de otra forma, practicando sexo.

De vuelta en la capital de Francia, se mueve por los bajos fondos y sobrevive gracias al vagabundeo, la prostitución y el robo, actividades que lo llevarán a entrar y a salir de la cárcel de modo intermitente. No es raro, por tanto, que algunos episodios importantes de esta primera etapa de su vida le sucedan entre rejas. Allí escribe, por ejemplo, «El condenado a muerte» (1942), un poema de 260 versos dedicado a Maurice Pilorge, un joven compañero de prisión que fue ejecutado el 4 de febrero de 1939 a los veinticuatro años por haber asesinado a su amante mexicano, Néstor Escudero. En esta primera obra, Genet no se corta un pelo a la hora de cargar sus versos con un fuerte contenido homoerótico, por no decir pornográfico: «Y para atravesarte, grumete del azar, / bajo el calzón se empalman los fuertes marineros. [...] / ¡Mi bellísimo paje coronado de lilas! / Inclínate en mi lecho, deja a mi pija dura / golpear tu mejilla».

Tanto le marcó la relación con este preso, que a él le dedica también su primera novela, *Santa María de las Flores* (1944): «Sin Maurice Pilorge, cuya muerte ha terminado de envenenarme la vida, nunca habría escrito este libro. Lo dedico a su memoria». Entre rejas escribe esta obra, en la que el protagonista es un preso que se encuentra a la espera de condena y, mientras tanto, mata el tiempo contando historias de Divina, una travesti que acaba de morir de tuberculosis. La primera versión del texto fue escrita en hojas de papel marrón que servían para que los prisioneros de la cárcel de Fresnes hicieran bolsas. Sin embargo, en cuanto uno de los guardias descubre el uso indebido de este material, destruye el manuscrito de forma inmediata. La segunda versión, escrita un año más tarde, consigue sobrevivir y ver la luz. Tras su publicación, Sartre la denominará «una epopeya a la masturbación» y, muchos años más tarde, la obra se convertirá en una obsesión para David Bowie, quien soñaba con interpretar el papel del personaje principal en una hipotética adaptación al cine, algo que nunca ocurrió. De hecho, la canción «The Jean Genie», incluida en el disco *Aladdin Sane* (1973), está inspirada en él.

Tras esta época de idas y venidas con la justicia en la que llega a acumular diez condenas consecutivas, es sentenciado a cadena perpetua en 1947. Solo la intercesión de un grupo de intelectuales, encabezados por Sartre, Cocteau y Picasso, consiguen el indulto por parte del presidente de la República de Francia. Pero esta no había sido la única vez, ya que años atrás, en 1944, ya habían tenido que mediar para sacarlo de la cárcel.

En 1947 publica *Querelle de Brest*, la provocadora historia de un marinero delincuente que seduce al oficial de un barco gracias a su encanto difícil de resistir: «Deseo cada sombra que entreveo. ¿A quién elegir entre estos machos, uno más bello que otro? Apenas suelto a uno y ya querría otro». La edición original de esta novela iba acompañada de veintinueve ilustraciones eróticas de Jean Cocteau que le costó a Genet la condena a ocho meses de cárcel y una importante multa, castigo que nunca llegó a cumplir. Décadas más tarde, en el año 1982, el director Rainer Werner Fassbinder, otro de los grandes malditos de nuestra historia y al que visitaremos más adelante, la adaptó al cine con un atractivo Brad Davis en el papel de Georges Querelle.

Fruto de las hazañas de supervivencia de sus años de juventud, nace *Diario del ladrón* (1949), una especie de autobiografía, a caballo entre el diario, la ficción y la crónica, en la que narra sus aventuras como ladronzuelo por varios puntos de Europa, incluida Barcelona. En esta ciudad pasa una temporada en el año 1932 o 1933, según la fuente que se consulte, sobreviviendo gracias a los robos y a la prostitución: «A veces dormíamos seis en una cama sin sábanas y al amanecer íbamos a mendigar por los mercados. Salíamos en grupo del Barrio Chino y nos desperdigábamos por el Paralelo con un cesto colgado del brazo porque las amas de casa preferían darnos un puerro o un nabo antes que un céntimo», escribía. También fue un asiduo de La Criolla, aquel mítico local de transformismo del Barrio Chino que durante la República dio cobijo a anarquistas, delincuentes y desviados en general. Allí se prostituyó vestido de mujer, ya que era la única forma que el encargado del local, el famoso Pepe el de la Criolla, toleraba que los hombres vendieran su «virilidad».

En esta obra Genet también habla de las Carolinas, un grupo de travestis que organizaron una procesión fúnebre en honor a una vespasiana que había sido destruida por culpa de unos disturbios organizados por un grupo anarquista, ya que en estos urinarios públicos era donde se sucedían sus encuentros sexuales furtivos y ejercían la prostitución. «Las Carolinas eran grandes. Eran las Hijas de la Vergüenza», sentenciaba Genet tras describir con pelos y señales su procesión con mantillas, mantones y vestidos de seda por las calles del centro de Barcelona y que podría ser considerada, en cierta forma, la primera manifestación por la diversidad sexogenérica documentada de la historia de España.

En cuanto a su vida sentimental, la relación que le marcaría para siempre fue la que mantuvo con el joven acróbata Abdallah Bentaga cuando él ya había cumplido los cuarenta y cinco. Con este chico de apenas dieciocho años vivió un enamoramiento casi juvenil y se encargó de convertirlo en un gran artista de circo, además de en su muso, ya que le dedica *El funambulista* (1958), un largo poema de amor al estilo de «El condenado a muerte». Pero todo en esta vida, bien lo sabía Genet, es efímero y el amor se le acabó. La ruptura supuso un duro golpe emocional para Bentaga que, sumado a una grave caída durante un espectáculo, le obliga a apartarse de la profesión. Preso de una profunda sensación de vacío, tanto personal como profesional, el joven acaba suicidándose el 12 de marzo de 1964, con tan solo veintiséis años. El propio escritor fue el responsable de hallar el cuerpo cuando, junto a la policía, acudió a casa del acróbata tras ser avisado por los vecinos. Martirizado por un fuerte sentimiento de culpabilidad, el escritor se marcha de Francia e intenta suicidarse.

Es entonces cuando Genet destruye sus manuscritos y renuncia a la literatura, volcándose por completo en la lucha política por los derechos de los que él denominaba proscritos y oprimidos. Tan radical fue la decisión, que en una entrevista en 1970 se niega en redondo a contestar nada acerca de su pasado como escritor. Cuando le preguntan si es que ya no quiere escribir, él contesta: «Creo que Brecht nada ha hecho por el comunismo, que la revolución no fue provocada por *Las bodas de Fígaro* de Beaumarchais. Que cuanto más cercana a la perfección sea una obra, más se encierra en sí misma».

Como activista político, Genet se encargó de señalar las penosas condiciones de vida de los inmigrantes en Francia, de denunciar la brutalidad policial argelina durante la guerra de independencia o de visitar los campos de refugiados palestinos, llegando a plasmar su experiencia en diferentes textos.

También apoyó abiertamente a los Panteras Negras, viajando durante tres meses a Estados Unidos para dar charlas y brindar su apoyo al líder del partido, Bobby Seale, quien había sido acusado de asesinato. «Yo no podía encontrarme a mí mismo más que a través de los oprimidos de color y de los oprimidos sublevados contra el blanco. Tal vez soy un negro de color blanco o rosa, pero un negro», contaba cuando se le preguntaba por su compromiso con la lucha por los derechos de las personas negras.

Los últimos años de su vida los pasa entre Marruecos y París. Quienes lo conocieron cuentan que era habitual verlo rondando las calles de Tánger primero y Larache después con un lápiz en la oreja. Su última pareja, o cuando menos su amante recurrente, fue Mohamed El Katrani, un joven marroquí a quien Genet le compró una casa, a pesar de que él ni siquiera tenía una propia. Y es que sin domicilio fijo, Genet decidió vivir en hoteles porque, según decía de forma irónica, no le gustaba cocinar. Ya de manera más seria, admitía que el no tener una casa le permitía la irresponsabilidad, estar hoy aquí y mañana en otro lado. En su pasaporte, de hecho, constaba la dirección de Gallimard, su casa editorial, a la que acudía de vez en cuando a recoger la correspondencia.

Finalmente, la muerte le sobreviene el 15 de abril de 1986 en un hotel de París, a causa de un cáncer de garganta del que parecía estar en proceso de recuperación. Debido a esto, la noticia fue recibida con sorpresa entre sus amigos y conocidos, así como por la prensa francesa, puesto que desde hacía años resultaba difícil seguirle la pista a causa del celo con que el autor protegía su vida privada.

Tres años antes de su marcha, el autor más provocador de la literatura gala recibió el Premio Nacional de las Letras de Francia, aunque ya en esos momentos, como ya sabemos, apenas se dedicaba a la escritura: «Yo tenía treinta años cuando empecé a escribir y treinta y cuatro o treinta y cinco cuando dejé de hacerlo. Pero era como un sueño, en todo caso como una ensoñación. Yo escribí en prisión. Una vez libre, me sentí perdido», aseveró en una de sus últimas entrevistas.

JAIME GIL DE BIEDMA
(Barcelona, 1929 - Barcelona, 1990)

Porque son ya seis años desde entonces,
porque no hay en la tierra, todavía,
nada que sea tan dulce como una habitación
para dos, si es tuya y mía.

Poema «Canción de aniversario» (1966)

El 21 de octubre de 1985 un misterioso paciente ingresa en el hospital Bichat-Claude Bernard de París. Viene derivado de Barcelona para recibir un tratamiento experimental, ya que acaban de diagnosticarle un sarcoma de Kaposi, uno de los primeros síntomas del sida. El nombre que figura en la ficha hospitalaria es el de Jaime Costos Sánchez, conocido también como Monsieur X, pero el cuerpo es el de Jaime Gil de Biedma, uno de los poetas españoles más importantes del siglo XX.

El uso de este seudónimo fue una de las formas que encontró el autor para intentar evitar que la noticia de su hospitalización se filtrara a los medios de comunicación y así lograr mantener en secreto su enfermedad, un mal que conllevaba un fortísimo estigma social en aquella época. Y al parecer lo consiguió, ya que tan solo su íntima amiga Ana María Moix —a quien le legó su biblioteca tras su muerte—, su pareja Josep Madern y un par de personas más llegaron a saber a ciencia cierta que la vida de aquel poeta de la denominada generación del 50 se estaba apagando sin remedio. No obstante, mantener la noticia dentro de su estrecho círculo de confianza le resultó más que complicado, tal y como reconoce en los diarios que escribió durante su ingreso: «Mantener mi enfermedad en secreto, salvo para unos pocos íntimos, me parece cada vez más difícil».

Con todo, la trayectoria vital de Jaime Gil de Biedma fue, cuando menos, entretenida, aunque siempre se preocupara de encontrar el equilibrio entre la responsabilidad y el divertimento. La vida se la ganó entre las paredes de las oficinas de la Compañía General de Tabacos de Filipinas, de la que su padre fue primero consejero y más tarde director. Antes se había presentado a unas oposiciones a diplomático que no llegó a aprobar y, posteriormente, fue rechazada su entrada en la universidad como profesor debido a su homosexualidad, condición reconocida por él, aunque tratada con bastante discreción. Idéntico motivo arguyó el PCE para no aceptar su ingreso en el partido, basándose su líder en una carta de Lenin en la que vetaba la entrada de homosexuales y porque «los maricones, ante la policía, cantan», según se cuenta que argumentó uno de los integrantes del PCE ante la solicitud del poeta. Sin embargo, y pese a ese rechazo inicial, Gil de Biedma nunca dejaría de frecuentar los círculos de izquierda, por mucho que proviniera de una familia de la burguesía catalana, algo que a veces le martirizaba.

En 1956, debido a su recién estrenado puesto de abogado de la compañía tabacalera, tuvo que viajar por primera vez a Filipinas, sede de la empresa. En Manila, su capital, se enreda con chicos muy jóvenes, la mayoría de ellos de clase baja, que venden su cuerpo por apenas una limosna —«Mi gusto por los malayos me embriaga», escribe en su diario—. Así pues, esta época, en la que apenas tiene veintiséis años, se caracteriza por una entrega frenética a la embriaguez sexual: «Entretengo la tarde leyendo y escribiendo. Alivia escapar por unas horas del vertiginoso tobogán erótico en el que estoy subido y no sé adónde me llevará a caer, pero sospecho que no en blando», reflexionaba en esos tempranos diarios.

Por tanto, tras una aparentemente ordenada vida de señorito aristócrata catalán se escondía, a no mucha profundidad, un Gil de Biedma desbocado, desclasado, ansioso de cuerpos masculinos que consumir de forma frenética y con un carácter profundamente autodestructivo. Esta última cuestión quedó bien constatada en parte de su obra, muy en especial en el poema «Contra Gil de Biedma», donde se ataca a sí mismo y hace gala de esa personalidad dual que siempre le acompañaba: «Podría recordarte que ya no tienes gracia. / Que tu estilo casual y que tu desenfado / resultan truculentos / cuando se tienen más de treinta años, / y que tu encantadora / sonrisa de muchacho soñoliento / —seguro de gustar— es un resto penoso, / un intento patético», escribió. No en vano, la idea del suicidio le rondaba constantemente por la cabeza, con algún que otro intento de por medio. Tanto fue así, que llegó a escribir el poema «Después de la muerte de Jaime Gil de Biedma» para intentar encontrar una vía de escape a estos pensamientos autodestructivos que nunca le abandonaban.

Esta concepción trágica de la vida, sumada al desafecto que sentía por los círculos intelectuales de izquierda a los que consideraba conformistas tras la muerte de Franco, sumió al poeta en una profunda crisis que le lleva a dejar prácticamente la escritura, algo parecido a lo que le ocurrió a Genet: «Me di cuenta de que el haber hecho unos cuantos poemas que estaban bien no me servía para nada en cuanto a aprecio y estima de mí mismo. Perdí la fe en la poesía como actividad que ayuda a uno mismo a construirse y a llegar a ser», confiesa en una entrevista en Televisión Española. Este desafecto hacia la poesía coincidió con sus últimos años de juventud, de la que se negaba a desprenderse, y que le causó una fuerte crisis de identidad. A esto, además, se sumaba que consideraba que ya había dicho todo lo que tenía que decir como poeta y no había nada más que contar.

En cuanto a su faceta personal, tuvo innumerables romances con hombres y uno único y especial con una mujer, Isabel Gil Moreno de Mora, con la que compartió parte de su vida hasta que ambos se dieron cuenta de la imposibilidad de la relación. En lo carnal, sobre todo. La trágica muerte de ella, ahogada en una riada mientras conducía, provocó un profundo dolor en el poeta y le empujó a intentar cortarse las venas nada más enterarse de la noticia. Eso impidió que pudiera ir al entierro de la que, en el momento de la tragedia, era ya su expareja.

Pero, sin duda, su gran compañero fue Josep Madern, un actor catalán al que conoce en 1978 y con el que comparte su vida hasta el mismo día de su muerte. Eso sí, no sin un buen puñado de aventuras sexuales por aquí y por allá. No podía ser de otra forma. De hecho, el poema «Pandémica y celeste», según explica el propio Gil de Biedma en una entrevista en 1987 a Carme Riera y a Miguel Munárriz, no deja de ser una coartada perfecta para defenderse de sus constantes escarceos: «Es un poema sobre la experiencia amorosa y tenía una finalidad práctica, que era justificar mis infidelidades», decía claramente. Desde luego, no pudo encontrar una forma más bonita de hacerlo: «Para saber de amor, para aprenderle, / haber estado solo es necesario. / Y es necesario en cuatrocientas noches / —con cuatrocientos cuerpos diferentes— / haber hecho el amor».

La pareja también tenía, por supuesto, sonados enfrentamientos, en su mayoría provocados por los espíritus indómitos de ambos, algo que el escritor se preocupó de dejar bien detallado en sus diarios: «Josep y yo, cada cual por su lado y los dos juntos, hemos sido envidiablemente felices. Quizá yo más que él, porque a las once de Nochevieja, cargado de whiskis y de sueño atrasado, y probablemente colapsado por un porro que no debí fumar, hui a la cama, dejándole con un palmo de narices, veinticuatro uvas y dos botellas sin abrir. Pero si sabe cabrearse bien —y es una cualidad suya que me gusta—, también sabe deponer luego las armas con gracia, en el justo momento. Ayer a mediodía, cuando sentados al sol nos bebimos la botella de champagne —sin uvas porque no las pedía ya la hora—, otra vez éramos la primera pareja reinante en la mejor de las Sodomas posibles».

Madern, por su parte, renunció a su carrera por estar al lado de Gil de Biedma. O quizá ya no quería seguir con ella.

Quién sabe. Sea como fuese, acabó dedicándose, de forma esporádica, al doblaje y a la lectura dramatizada de textos, varios de ellos centrados en la cuestión del sida. En un artículo de *El País*, en el que denominaban a Madern con los eufemismos de «amigo» o «compañero» de Gil de Biedma, remarcaban que «él mismo frenó su carrera, que se apuntaba brillante, tras iniciar su amistad con Gil de Biedma, con el que vivió durante trece años y al que atendió, con verdadera devoción, en la durísima fase final de su enfermedad».

Una fase final que llegaría a su desenlace en los tempranos días de la década de los noventa recién estrenada, cinco años después de esa primera misteriosa visita al hospital de París. En esos momentos, algunos miembros de la familia del poeta —entre los que forman parte la expresidenta de la Comunidad de Madrid Esperanza Aguirre o la fotógrafa Ouka Leele— se enteran de los verdaderos motivos de la muerte a través de los medios de comunicación, ya que él, en un intento desesperado por esconder su estado, siempre contaba que había contraído una enfermedad tropical en Manila. La realidad es que su nombre, junto con el de muchos otros, pasó a engrosar la lista de víctimas del sida en España, la pandemia más silenciada de la historia.

Tiempo más tarde, en la noche de Reyes de 1994, a tan solo tres días de cumplirse el cuarto aniversario de la marcha de Gil de Biedma, Madern muere también por complicaciones derivadas del sida. Se iba así un devoto compañero del poeta, que además fue albacea de su obra y protector de su memoria. Una memoria, sobre todo la literaria, que decidió ocultar hasta que las condiciones sociales para las personas homosexuales fueran mejores: «Sobre los diarios y las cosas personales e íntimas creo que se debe dar tiempo para que se calme la cuestión de la homosexualidad y del sida. Es mejor dejar pasar el tiempo y hablar después», llegó a decir. Tanto tiempo pasó, que estos textos inéditos no se publicaron hasta el año 2015 en la editorial Lumen. Fue de la mano de Carmen Balcells, heredera de la producción literaria de Biedma tras la desaparición de Madern y agente del poeta. Sin embargo, Balcells morirá pocas semanas antes de que el libro vea la luz. Por tanto, ninguno de los testaferros de su memoria acabó viendo publicado el legado de este poeta maldito con una obra, por lo visto, de similares características.

LEOPOLDO MARÍA PANERO
(Madrid, 1948 - Las Palmas de Gran Canaria, 2014)

Soy el negro, el oscuro: ardiendo está mi nombre.

Poema «Auto de fe» (1983)

Podríamos decir que Leopoldo María Panero encarna a la perfección el papel de escritor «loco», ese que cruza los límites de la cordura para resguardarse en un mundo propio. En este caso concreto, el mediano de los Panero llegó a construirse el suyo a causa de una serie de problemas, entre los que destaca el aparente abuso de drogas y la convivencia con una familia desestructurada encabezada por una madre tirana que se camuflaba entre falsas sonrisas y frases bobaliconas para intentar justificar sus, a veces, crueles comportamientos.

Por tanto, para descifrar el malditismo de Leopoldo María, primero debemos hacer una panorámica de su familia, un clan que estuvo destinado, al menos en su origen, a guardar las apariencias. El patriarca, Leopoldo Panero Torbado, luchó en el bando franquista durante la Guerra Civil y, una vez terminada, fue nombrado censor del régimen. Sin embargo, su verdadera profesión fue la de poeta, al igual que la de su hermano Juan, muerto en accidente de coche al año siguiente de estallar la contienda. De hecho, Leopoldo ha pasado a la historia como el poeta oficial del régimen, por mucho que en su juventud coqueteara con el comunismo, situación que fue convenientemente ocultada por Carmen Polo, esposa de Franco y prima de su madre.

Del matrimonio entre Leopoldo Panero y la también escritora Felicidad Blanc nacen tres hijos: Juan Luis, Leopoldo María y José Moisés, alias Michi. Los dos primeros seguirán la estela de su padre —siendo el primero un poeta mucho más conservador en fondo y forma que el segundo— y el tercero, sin más oficio que el de hedonista, se convertirá en una figura imprescindible en las noches de la movida madrileña. Tanto es así, que incluso Nacho Vegas le llegaría a dedicar una canción, «El hombre que casi conoció a Michi Panero».

Pero aunque podríamos seguir ahondando en los claroscuros de la familia hasta el infinito, no olvidemos que estas líneas están dedicadas al hijo mediano del matrimonio, el no menos controvertido Leopoldo María Panero, quien también tuvo una ajetreada trayectoria vital, por denominarlo de alguna forma. Y es que tan solo hay que ver el documental *El desencanto* (Jaime Chávarri, 1976) para darnos cuenta, en primer término, de que Leopoldo María era considerado la oveja negra de la familia y, en segundo lugar, de que la locura, si es que había alguna, era la de los que le rodeaban.

La película, de hecho, es un relato de cómo el clan, tan acomodado durante el franquismo, comienza a caer en desgracia con la muerte del patriarca en 1962 y acaba casi inoperante tras el fin de la dictadura. Es más, el devenir de los Panero, que se desgrana con detalle en el documental, se considera una metáfora de la desintegración de las estructuras sociales que fueron sostenidas por el régimen que oprimió a nuestro país durante casi cuarenta años.

En *El desencanto* se identifica rápidamente el tipo de relación que Leopoldo María tiene con su madre, quien lo interna por primera vez en un sanatorio después de que un familiar le contara que fumaba marihuana. O grifa, en jerga de la época. «Lo peor no es que se haya suicidado, lo peor es que se droga», le dijo por teléfono dicho familiar a Felicidad, según se relata en una escena del documental. Y es que el primer intento de suicidio del poeta madrileño, de tantos que vendrían después, llegaría cuando apenas era un adolescente. Perpetrado en un hostal de mala muerte, preparó cuidadosamente los barbitúricos y, cuando estaba a punto de tomárselos, una «andaluza fisgona», tal y como la denominan en la película, entró en la habitación y le preguntó: «¿Es que va a hacer usted lo mismo que la Marilyn Monroe?». «Un suicidio de opereta», en palabras del propio interesado.

A partir de ese primer internamiento, la relación con su madre se convierte en una constante oscilación entre el amor y el odio —a lo largo de su carrera le dedicaría poemas tanto de lo uno como de lo otro— y sienta las bases para no volver a encontrar la estabilidad, si es que alguna vez la tuvo.

Aunque para hablarnos de la vida de Leopoldo María, quién mejor que él mismo. En la introducción de su poemario *Teoría del miedo* (2000) hace un buen resumen de su trayectoria vital. En ella cuenta que a los dieciséis años, en plena dictadura, entra en contacto con el partido comunista, ilegalizado a todas luces por el régimen franquista, y de esta forma se inicia en la lucha política. En esta misma época también comienza a escribir poesía de la mano de Pere Gimferrer y, poco más tarde, entra en la cárcel por tráfico de drogas. Allí, en prisión, descubre su homosexualidad que, según afirma, siempre había estado latente. «Viene luego una larga historia de manicomios que me despoja de amigos y me hace odiar a mi madre», resuelve, a modo de síntesis, el poeta.

También es importante destacar que, como buen *enfant terrible*, Leopoldo María nunca se encontró ajeno a la provocación deliberada. En una entrevista en *El País* el 9 de agosto de 2005, redefine, tras preguntarle qué opina acerca del matrimonio igualitario —matrimonio homosexual en palabras de aquella época—, su orientación sexual de una forma especialmente perturbadora, por no decir políticamente incorrecta: «Yo soy bisexual y sadomasoquista. Sádico con las mujeres y masoca con los hombres, aunque también sádico con algunos tíos, depende de lo guapos que sean». Esta respuesta se encuentra en sintonía con las del resto del cuestionario, donde también dice que no se prohíbe nada salvo cagar en la silla o afirma rotundo que la que está loca es España, no él.

Desde luego, lo que está claro es que su constante ir y venir por psiquiátricos y sanatorios mentales fue un factor que le marcó la vida profundamente. Así lo expresa, una vez más, en *El desencanto*, donde señala que él ya estaba internado a los diecinueve años, a una edad en la que debía haber tenido amores y amantes. Ante la pregunta de su madre de por qué no los tuvo, él le contesta que en un manicomio es muy difícil tenerlos, aunque enseguida se corrige y afirma que en Reus sí que los tuvo porque «se la chupaban los subnormales a cambio de un paquete de tabaco».

En cuanto a su vida personal, tuvo varias relaciones, tanto con hombres como con mujeres. Una de las más conocidas, aunque ni siquiera llegara a serlo, fue la que mantuvo con Ana María Moix, hermana del escritor y *showman* Terenci Moix. Y es que hasta Barcelona llegó Leopoldo María a principios de los años setenta huyendo de la persecución policial, ciudad de residencia de la también escritora y poeta. Sin embargo, Ana María, ni corta ni perezosa, lo rechaza sin miramientos, lo que provoca el regreso de Panero a Madrid con una fuerte depresión a sus espaldas. A causa de este sonado rechazo, intenta suicidarse de nuevo y, tras un oportuno lavado de estómago, pasa un mes internado en el hospital.

En cuanto a sus amores masculinos, se le conoce la relación con Eduardo Haro Ibars, otro escritor maldito, bisexual y comunista, que cabalgó a lomos de las drogas y el desenfreno y que acabó muriendo de forma prematura en el año 1988 por complicaciones derivadas del sida. Con él pasa cuatro meses en la cárcel de Zamora, provenientes de la de Carabanchel, donde habían sido condenados por vender y consumir hachís en sus sesiones literarias. Tras una fuerte discusión, Leopoldo María intenta ahorcarse.

Aunque su producción literaria en muchas ocasiones es ambigua en cuanto al género de los destinatarios, no son pocos los poemas en los que hay una clara alusión al amor entre hombres, destacando «A Francisco» (1980), uno de los más bellos: «Pasé una noche a ti pegado como a un árbol de vida /

porque eras suave como el peligro, / como el peligro de vivir de nuevo». En «La flor de la tortura» (1983) decide también evidenciar, aún de forma más acentuada, su atracción hacia el sexo masculino: «¡Oh mi nombre, mi amado, mi esposo, quisiera / ofrecerte mi falo esta noche quemado / y mis ojos también, mientras arañas / con tu mano torpe la bombilla queriéndome, / y el látigo de tu voz desmiente mi cabeza!».

En 1986, poco antes de cumplir cuarenta años, ingresa de forma permanente en el psiquiátrico de Mondragón. Allí participará con varios textos en la revista editada por el hospital y gestionada por los propios internos llamada *Globo Rojo*. Fruto de su estancia en este centro también nacerá *Poemas del manicomio de Mondragón* (1987), título bastante explícito en cuanto a lo que se puede encontrar en su interior.

Diez años más tarde se traslada a la unidad psiquiátrica del actual hospital Juan Carlos I de Las Palmas de Gran Canaria, lugar en el que ya vivirá de manera permanente hasta su muerte y de donde solo saldrá en contadas ocasiones para dar conferencias o conceder entrevistas a medios.

Decían las malas lenguas que todo era mentira. Que, en realidad, había decidido encarnar de forma voluntaria el papel de escritor loco, pero que al final el personaje acabó tragándose al escritor. La realidad es que, como hemos visto, hubo varios intentos de suicidio, una relación nefasta con su familia, una esquizofrenia diagnosticada a los diecisiete años y toda una vida entre los muros de diferentes hospitales psiquiátricos.

Finalmente, Leopoldo María Panero muere el 5 de marzo de 2014 a los sesenta y cinco años a causa de un fallo multiorgánico. Este poeta, integrante de la antología de los *Nueve novísimos poetas españoles* junto a Manuel Vázquez Montalbán, Vicente Molina Foix o su amada Ana María Moix, dejó tras de sí una ingente producción, sobre todo de poesía, aunque también ensayos y narrativa, además de algún que otro premio como tardío reconocimiento a su talento literario. Al final, parece ser, el personaje no se terminó de tragar al poeta.

ENTRE LA GENERACIÓN DEL 27 Y LOS CÍRCULOS SÁFICOS

Se cuenta que un buen día Emilio Garrigues Díaz-Canabate, compañero de Federico García Lorca en La Barraca, fue a visitar al poeta granadino a la casa en que vivía en la madrileña calle de Ayala. Tocó en la puerta y, una vez abierta, el actor *amateur* se encontró a un Lorca azorado, casi jadeante, y completamente despeinado. De repente, a sus espaldas, un joven efebo casi desnudo atravesó el salón con la rapidez de un rayo. Enseguida a Garrigues le pareció identificar en aquella figura huidiza la fisionomía de Luis Cernuda, otro de los grandes poetas de la generación del 27. Ante la cara de asombro de su compañero, Federico se quedó mirándolo y, haciendo gala de su conocido sentido del humor, le espetó un «estábamos realizando gimnasia *revolcatoria*».

Esta conocida anécdota, tan divertida como improbable, ilustra a la perfección el espíritu de la generación del 27, un grupo de intelectuales que tuvo la oportunidad de beberse la libertad a grandes tragos, aunque no durante demasiado tiempo y tan solo de forma intermitente. Y es que ellos fueron los sucesores de la generación de 14, aquellos que abogaron por modernizar España, intelectualmente hablando, y que pusieron su mirada en Europa y en sus vanguardias. No obstante, por desgracia, ese aperturismo les duró poco, puesto que no tardaron en llegar las turbulencias. En 1923 se implantó la dictadura de Primo de Rivera, un régimen apoyado por la propia monarquía que coqueteó con el fascismo sin llegar a adoptarlo, y que duraría siete años. Tras esta etapa totalitaria, se dio paso a la denominada dictablanda, un corto periodo en el que tomó el mando el general Dámaso Berenguer en un intento por restituir la «normalidad constitucional», pero que, por el contrario, acabó desembocando en la Segunda República española (1931-1939). Sin embargo, con esta nueva forma de gobierno tampoco se hallaría, ni mucho menos, la anhelada estabilidad política, ya que se sucedieron diferentes gobiernos de distinta ideología que no consiguieron encontrar la manera de mantenerse en el poder más que unos pocos meses.

Y entonces, aprovechando estas turbulencias, la derecha radical, apoyada por los círculos religiosos, se alzó en armas y, tras tres años de sangrienta contienda, se instauró la dictadura del general Francisco Franco, uno de los periodos más oscuros de la historia reciente de nuestro país. Con la llegada de este régimen represivo se apagaron de manera abrupta los tímidos rescoldos de libertad que la República, incluso con gobiernos conservadores de por medio, había procurado avivar.

No es de extrañar, por tanto, que la diversidad sexual, que de forma retraída había intentado asomar la patita, tuviera que replegarse de nuevo y buscar otras vías de manifestación. Sobre todo en lo relacionado con la cultura, puesto que la censura se cebaba, de manera especialmente acusada, con cualquier elemento que tuviera que ver con la expresión artística. Es más, dentro de este movimiento intelectual podemos encontrar, a través de tres nombres propios, las principales formas con las que se reprimió la expresión del deseo homosexual masculino en la España franquista: el asesinato, la autocensura y el exilio.

La primera forma está encarnada en la figura de Federico García Lorca. Su asesinato en los primeros meses de la Guerra Civil fue una llamada de atención a aquellos que se consideraban, o eran considerados, «rojos y maricones». Y es que el exterminio de personas homosexuales era algo digno de admiración entre las filas rebeldes. Es por eso por lo que Juan Luis Trescastro Medina, uno de los verdugos del poeta, entró en un bar justo después de haberlo fusilarlo y dijo orgulloso: «Vengo de darle dos tiros a García Lorca en el culo, por maricón». Previamente, quizá intuyendo lo que le iba a pasar, Lorca, en su última entrevista para el diario *El Sol* el 10 de junio de 1936, había condenado la absurda idea del sentimiento patriótico que se hallaba en la razón de ser de las tropas que finalmente acabaron con su vida: «Yo soy español integral, y me sería imposible vivir fuera de mis límites geográficos; odio al que es español por ser español nada más. Yo soy hermano de todos y execro al hombre que se sacrifica por una idea nacionalista abstracta por el solo hecho de que ama a su patria con una venda en los ojos».

La segunda forma de represión está encarnada en la figura de Vicente Aleixandre. Este Nobel de Literatura se quedó en España tras la guerra, quizá debido a su quebradizo estado de salud. En su casa de Madrid construyó una fortificación a la que amigos y allegados denominaban Velintonia —o Wellingtonia—, un espacio que se convirtió en el refugio de poetas y artistas disidentes. Allí Vicente vivió más de un romance, incluido el intenso noviazgo que mantuvo con Carlos Bousoño, un estudioso de su obra que realizó la tesis sobre su figura y, tras varias reuniones, pasaron a mayor intimidad. Como testigo material de aquello, quedan numerosas cartas con tórridos mensajes de amor: «Oye, Carlitines (qué precioso nombre, Carlitos, niño mío, mi amor, mi dicha, mi locura, mi único destino). Te querré hasta la muerte. Tú, español mío, chiquillo mío, no te irás nunca. ¿Verdad que nunca? ¿Verdad que no nos separaremos jamás?». No obstante, nunca hubo ni un mínimo descuido ni una sugerencia en cuanto a su orientación sexual de puertas para afuera de Velintonia y, aunque cosechó una extensa carrera literaria en España, su silencio con relación a esta cuestión fue sepulcral. Eso sí, dejó encargado a las nuevas generaciones de poetas que visitaban su casa que, una vez muerto, lo sacaran del armario. Y así lo hizo el escritor Vicente Molina Foix, quien fuera su principal confidente durante sus últimos años de vida.

Por último, la figura de Luis Cernuda encarna la tercera forma de represión, el exilio forzado. En febrero de 1938, tras haber luchado en el bando republicano y haber formado parte de la Alianza de Intelectuales Antifascistas, el autor sevillano se marcha a Reino Unido para dar un ciclo de conferencias, pero ya nunca más volverá a pisar España. Quizá eso es lo que le permite publicar una poesía con tintes claramente homoeróticos, siendo el único de los tres que consigue hacerlo de modo más evidente. Es por esta cuestión por lo que nos detendremos en su figura un poco más adelante.

Con respecto a las mujeres de esta generación, la sombra de la invisibilización, como tristemente suele ocurrir siempre con ellas, planeaba sobre sus cabezas. Su trascendencia histórica durante mucho tiempo fue obviada y, cuando por fin se las ha conseguido reivindicar, ha sido bajo la denominación de «las Sinsombrero», casi como si fueran un movimiento aparte en el que no se distinguen, prácticamente, estilos ni nombres propios. Sin embargo, una de estas mujeres fue capaz de encarnar sin tapujos la reivindicación de la disidencia sexogenérica femenina en la cultura española del primer tercio del siglo XX. Estamos hablando de Victorina Durán, una artista multidisciplinar que fundó el Círculo Sáfico de Madrid en 1916 y al que se llevó con ella al exilio. Con *miembras* tan reconocidas como Gabriela Mistral o Elena Fortún, esta institución supuso una vía de escape para aquellas mujeres que pretendían vivir, aunque fuera en la clandestinidad, su deseo sexual hacia otras mujeres. Algo parecido le ocurrió a Carmen Conde, quien también tuvo que vivir a caballo entre su deseo sáfico y las obligaciones como esposa de aquella época.

Sea como fuere, la del 27 fue una generación que condensó una gran cantidad de disidentes, ahora convertidos en iconos de la lucha del activismo cultural *queer* y feminista, además de ser referenciados una y otra vez en institutos y universidades. Sus figuras, desde luego, son el santoral al que rezar y al que acudir en momentos de zozobra. Porque la amenaza sobre las artes disidentes y la posibilidad de ser expresadas en libertad siempre nos acechará. Y da igual cuándo se lea esto, puesto que el odio y la incomprensión hacia la diferencia son procesos cíclicos que, cual Sísifo con su piedra, siempre están preparados para volver a empezar.

VICTORINA DURÁN
(Madrid, 1899 - Madrid, 1993)

No sé si habré dejado de amar por haber muerto o habré muerto por haber dejado de amar.

Epitafio de la tumba de
Victorina Durán

Victorina Durán es, entre muchas otras cosas, la responsable de la primera autobiografía de temática lésbica escrita en España. A través de tres volúmenes —*Sucedió*, *El Rastro. Vida de lo inanimado* y *Así es*—, englobados bajo el título genérico de *Mi vida*, esta mujer valiente, también profesora de la Residencia de Señoritas, *miembra* del Lyceum Club Femenino y fundadora del Círculo Sáfico de Madrid, narra su trayectoria vital. En ella, se incluyen sus experiencias amorosas con mujeres, su labor como escenógrafa de gran éxito o su exilio forzado en Argentina.

Pero vayamos por partes, porque todo en la vida de Victorina es digno de reseñar. Nacida en el seno de una familia de alto nivel adquisitivo, era hija —también nieta, bisnieta y sobrina— de una bailarina del Teatro Real y de un militar que ostentaba el abono número 1 a dicho teatro. De esta forma, su vida, ya desde la cuna, estuvo estrechamente ligada al mundo del espectáculo y de los escenarios: «Creo que aprendí a andar en la "redondilla" del Teatro Real», relataba en su biografía. Más adelante, tras estudiar piano en el Conservatorio Superior de Música y Declamación, ingresó en la Real Académica de Bellas Artes de San Fernando, lo que le llevó a tener de compañeros a figuras tan relevantes como Salvador Dalí, Maruja Mallo o Remedios Varo. Allí se licencia en Dibujo y Pintura y, años más tarde, consigue la cátedra en Indumentaria y Arte Escénico, convirtiéndose así en la primera mujer de nuestro país en hacerlo. Esto le permitirá conseguir un contrato de trabajo de tres meses fuera de España que le ofrece su amiga Margarita Xirgu en plena Guerra Civil. Lo que Victorina Durán no sabía era que esos tres meses se iban a convertir en un interminable exilio de veinticinco años.

Pero antes de tener que verse forzada a escapar de su país, esta artista madrileña tuvo tiempo de hacer muchas cosas por el avance social de las mujeres españolas, así como de romper varios techos de cristal. Y es que la Residencia de Señoritas se había convertido en el lugar de reclutamiento de artistas con vocación feminista que, algunas de ellas, formarían también parte del Lyceum Club Femenino. Victorina Durán iría un paso más allá y conformaría un grupo de mujeres intelectuales que se sentían inclinadas a relacionarse de manera afectiva, intelectual y/o sexual con otras mujeres. De este modo, nace el Círculo Sáfico de Madrid, lugar que se convirtió en punto de encuentro de autoras disidentes tales como Elena Fortún, Rosa Chacel o la premio Nobel Gabriela Mistral. Esta última estuvo tan implicada con dichos encuentros que en el año 1935, antes de ser trasladada a Lisboa por un desliz diplomático, llegó a ofrecer su casa para albergar las reuniones, que siempre eran itinerantes por lo clandestino de su naturaleza.

No hay demasiados documentos que permitan hacer un análisis o seguimiento de la trayectoria de este grupo, ya que en aquellos tiempos era difícil que una mujer lesbiana o bisexual abordara la cuestión de su sexualidad de una forma más o menos explícita. La propia Victorina decía en sus memorias que «los hombres, no muchos, han dado ya la cara ante el mundo respecto a su problema. La mujer nada ha dicho aún», haciendo clara referencia a la invisibilidad a la que se enfrentaban y que, por diversos motivos entre los que se encontraba el miedo al rechazo social o el tener que vivir supeditadas a un mundo masculino, ellas mismas alimentaban. De la misma forma, como señala Angie Simonis en su ensayo *Yo no soy esa que tú te imaginas. El lesbianismo en la narrativa española del siglo XX a través de sus estereotipos* (Universidad de Alicante, 2009), «las lesbianas no suelen dejar documentos acerca de sus vidas que incluyan detalles sobre sus prácticas sexuales o sus deseos eróticos». Un claro ejemplo de lo que afirma esta investigadora es el caso de Elena Fortún, que poco antes de morir escribió a Inés Field, quien guardaba los manuscritos de *Oculto sendero* (2016) y *El pensionado de Santa Casilda* (2022), para pedirle que los destruyera. No obstante, estas dos obras de temática lésbica y con evidentes elementos de autoficción, acabaron trascendiendo y siendo publicadas muchos años después gracias a la desobediencia de la persona que custodiaba los textos.

Volviendo a Victorina, los años previos a la guerra fueron, sin duda alguna, su época dorada. En 1935 diseña los figurines de la adaptación de *Fuenteovejuna* que montaría el director Cipriano Rivas Cherif para la compañía de Margarita Xirgu y Enric Borràs. El Ayuntamiento de Madrid había adjudicado a esta empresa la gestión del Teatro Español en el año 1932 y, gracias a ello, también se pudo realizar allí la presentación oficial de La Barraca o estrenar *El amor de don Perlimplín con Belisa en su jardín*, de Lorca, que había sido censurada durante la dictadura de Primo de Rivera. Precisamente sería Federico quien supervisaría, además, la adaptación de este *Fuenteovejuna*, ya que el poeta era íntimo amigo de Margarita.

Más tarde Victorina diseñó el vestuario de *Otra vez el diablo*, donde también participaba su amiga Xirgu, y, pocos meses antes de estallar la guerra, lo haría en *Romance de Lola Montes*. Esta sería, en abril del 36, la última producción en la que trabajaría en España en muchos años.

En el verano de 1937, tras la autorización del director general de Bellas Artes Josep Renau y previo contrato ofrecido por su querida Margarita Xirgu que se hallaba preocupada por si su amiga podía correr la misma suerte que Lorca, Victorina Durán llega en el mítico barco Lipari, símbolo del exilio español, a la ciudad de Buenos Aires. Le acompaña María del Carmen Vernacci, viuda de un sobrino suyo y, según todos los indicios, amante hasta que esta conoció a Natalio Botana, dueño del diario *Crítica* —y abuelo del conocido dramaturgo, escritor e historietista argentino Raúl Damonte Botana, alias Copi—. No obstante, el noviazgo nunca se llegaría a formalizar, ya que el empresario estaba casado con la escritora Salvadora Medina Onrubia y no le dio tiempo a separarse, pues murió en un accidente de tráfico.

Una vez instalada en Argentina, Victorina vuelve a resurgir de sus cenizas. Se convierte en escenógrafa, figurinista y directora artística del Teatro Colón y del Teatro Cervantes, dos de los teatros más importantes del país, y colabora en la producción de un sinfín de obras en una multitud de compañías, tanto españolas como argentinas. También continúa con la enseñanza, imparte conferencias y es la responsable de las relaciones culturales del Museo de Arte Hispanoamericano, entre otras muchas labores. Retoma, además, su pasión por el dibujo, llegando a participar en varias exposiciones y bienales.

En el año 1949 tiene un primer acercamiento a España, cuando viaja para ayudar a Dalí en la escenografía del *Don Juan Tenorio* que montó Luis Escobar Kirkpatrick en el Teatro Nacional. A partir de ese momento, las idas y venidas a Europa, sobre todo a París y a España, serían constantes, hasta que consigue instalarse de forma definitiva en Madrid.

Victorina Durán fue, ya lo hemos visto, una gran artista de larga trayectoria que brilló con fuerza en el plano laboral, pero si hay algo que nos interesa especialmente es el hecho de que ella nunca, ni siquiera en las peores circunstancias, escondió su deseo hacia las mujeres. En sus memorias cuenta que esta actitud se la debe a *El pozo de la soledad* (1928), la novela de Radclyffe Hall considerada la primera obra de temática abiertamente lésbica. En ella leyó un fragmento que le marcó profundamente y que se grabó a fuego para el resto de su vida: «Tienes una misión que cumplir... ¡Hazla! Precisamente porque tú eres como eres, puedes tener esa ventaja, ya que puedes escribir con una extraordinaria y doble visión, con un conocimiento personal [...] Por el amor de todos los que son como tú, en un gran número, pero menos fuerte y menos dotados tal vez, es por lo que debes tener el valor de vencer todos los obstáculos», le exhortaba a la protagonista de la novela su institutriz, también lesbiana.

En la tercera entrega de sus memorias, escritas en los años setenta, aunque no publicadas hasta 2018 por la Residencia de Estudiantes, reflexiona una y otra vez acerca de su valiente decisión, algo de lo que era plenamente consciente: «Sí, yo soy más fuerte porque no soy cobarde ante los demás. Años y años he recogido y guardado la tragedia de la incomprensión de muchas mujeres. He vivido con ellas el angustioso drama de verse aisladas y despreciadas por multitud de seres "normales". La sociedad perdona, admite todo menos "eso"», escribía, teniendo bien claro el gran estigma que suponía ser «así», como ella lo llamaba.

En estas memorias también tiene tiempo de relatar, sin cortarse ni un pelo, su primer contacto sexual con una mujer. Cuenta que fue en el verano de 1921, cuando tenía tan solo veintidós años, en una fiesta que organizaba una baronesa a la que se refiere con las iniciales M. de L. (No resulta extraño que oculte el nombre de su amante, ya que, según avisaba la autora en el prólogo del libro, «son protagonistas muchas mujeres casadas con hijos, y ya nietos, y no tengo derecho a provocar escándalo, buscando un éxito editorial»). Tras pasar toda la noche de fiesta y acabar a las cinco de la mañana comiendo ostras y viendo amanecer, la reunión quedó finiquitada. La baronesa, después de despedir a los pocos asistentes que seguían allí, decidió invitar a Victorina y a la amiga que iba con ella a quedarse a dormir en su casa. Mientras que a la acompañante la mandó al cuarto de invitados, a Durán le dijo, sin cortarse un pelo: «Tú dormirás conmigo». Y así fue. Una vez en la cama, en camisón la anfitriona y en ropa interior la invitada, Victorina la miró con atención y pensó: «Yo, alumna de Pintura en la Escuela Superior de Bellas Artes, estaba acostumbrada a ver estatuas, cuadros y modelos bellísimos al natural, pero aquella figura casi irreal a mi lado me fascinaba hasta la mayor de las perturbaciones». Así, después de un repentino ataque de sed de la baronesa que obligó a Victorina a levantarse para traerle agua, se les pasó el sueño, una cosa llevó a la otra y, finalmente, «un beso, otro, otro... caricias... ¡qué sé yo!».

Durán volvió a España de forma definitiva en 1963, un año después que Maruja Mallo, la gran artista plástica del exilio republicano. Sin embargo, estas dos compañeras, que hasta la fecha habían tenido una trayectoria paralela —estudiaron en el mismo lugar, se exiliaron al mismo tiempo en Buenos Aires, expusieron juntas en alguna ocasión...—, encontraron un final muy diferente. Mientras que a Maruja Mallo la rescataron las nuevas generaciones y, con la llegada de la movida madrileña, fue aupada a los altares artísticos, Durán caería en el ostracismo más absoluto, algo que se vería reflejado en su modesta nueva vida en España. En Madrid se instala en un ático sin ascensor en la calle del Reloj, en el centro de la ciudad. Por suerte, consigue ser rehabilitada por el régimen, a pesar de que en su expediente constaba que se trataba, sin género de duda, de una «roja cien por cien». Ya instalada, solicita una pensión por antigua catedrática, pero, una vez concedida, la cuantía es tan escasa que debe volver a trabajar. Así pues, tiene que aceptar nuevos trabajos en varios espectáculos, entre los que destaca la creación de los bocetos del decorado de *Madrid galante*, una revista musical con Nati Mistral que se estrena en el Teatro Eslava en el año 1967.

Con el tiempo, y perdida toda esperanza de ser «rescatada» por la élite artística del país, comienza a viajar cada vez más a Peñíscola, en la provincia de Castellón, donde se acaba comprando una casa y montando un bar de copas, lugar de encuentro de amigos y conocidos.

Finalmente, la vida de Victorina Durán se apagará el día 10 de diciembre de 1993, a los noventa y cuatro años. De esta forma, con la máxima discreción y sin el reconocimiento que merecía, la escenógrafa, figurinista, escritora y tantas otras cosas decía adiós a una vida a la que había plantado cara con todas las herramientas que tuvo a su alcance. Y además, no contenta con eso, consiguió también ganarle el pulso, al menos metafóricamente, a una sociedad que rezumaba normatividad y machismo por los cuatro costados.

LUIS CERNUDA
(Sevilla, 1902 - Ciudad de México, 1963)

Diré cómo nacisteis, placeres prohibidos,
como nace un deseo sobre torres de espanto.

Poema «Diré cómo nacisteis» (1931)

Como ya se adelantaba en la introducción de este capítulo, Luis Cernuda fue uno de los pocos poetas de la generación del 27 que se atrevió a verbalizar, de forma clara y meridiana, su atracción por los hombres. No en vano, una de sus primeras obras se llama *Los placeres prohibidos* (1931), título que ya da buena cuenta del contenido que podemos encontrar en ella: una oda al deseo homoerótico de manera no demasiado velada.

De hecho, este poemario, de clara influencia surrealista, está inspirado en un joven actor gallego del que Luis Cernuda cayó perdidamente enamorado. Se cuenta que un día de 1931, estando Lorca —cómo no, el omnipresente Lorca— tomando café en un local madrileño llamado El Universal, entró un chico excesivamente joven —unos diecisiete años, quizá— que pidió al poeta que le invitara a algo de comer, ya que hacía mucho tiempo que no probaba bocado. El bueno de Federico respondió gustoso a la petición de alimento, aunque declinó cortésmente las insinuaciones sexuales de este jovenzuelo que decía haber venido andando desde su tierra natal. Aunque normalmente voraz en el amor, a Lorca le resultó, a su parecer, demasiado joven: «Es casi un niño y ya ha probado el lado más amargo de la vida», le diría al día siguiente a Rafael Martínez Nadal, amigo del poeta.

Enseguida, al granadino le vino a la cabeza la idea de emparejarlo con sus amigos Vicente Aleixandre o Luis Cernuda. Al primero no le acabaría seduciendo demasiado la idea de tenerlo como amante, ya que «no tenía especial simpatía por la prostitución», pero estaba claro que al segundo le iba a encandilar el joven efebo. Así que, con una carta de recomendación de Federico bajo el brazo, el adolescente gallego se presentó ante el poeta sevillano: «Querido Luis: Tengo el gusto de presentarte a Serafín [...]. Espero que lo atiendas en su petición».

Y tanto que lo atendió. El andaluz se lo llevó a vivir a su casa y durante unos meses mantuvieron una tórrida historia de amor. A él le dedica el poema «Como leve sonido», apareciendo su nombre encabezando el escrito, aunque en ediciones posteriores acabará perdiéndose: «Como fugaz deseo: / seda brillante en la luz, / esbelto adolescente entrevisto, / lágrimas por ser más que un hombre».

Finalmente, la cosa no terminará muy bien, quedando reflejado el sentimiento de derrota del poeta en *Donde habite el olvido* (1932), obra que incluye poemas como «Mi arcángel», en clara alusión al chico con nombre de querubín: «Tú fluyes por mis venas, respiras en mis labios, / te siento en mi dolor; / bien vivo estás en mí, vives en mi amor mismo, / aunque a veces / pesa la luz, la soledad». En la primera edición de esta obra aparecía en su contraportada una «S» en forma de serpiente, un símbolo que no todo el mundo comprendió, aunque estaba claro que era en alusión a la «serpiente que llevo hace tiempo enroscada a mi corazón». Esa «S» vuelve a aparecer en la cubierta de la edición mexicana de su poesía reunida en el año 1940 y Cernuda le aclararía en una carta a su amigo Gregorio Prieto la importancia que para él tenía y el sitio que debía ocupar: «La serpiente que te intriga es algo misterioso, e ignorado por todos su sentido. Lo único que puedo decir es que su sitio es dentro del libro, al frente de *Donde habite el olvido*, y que si la han repetido en la cubierta y en la portada es sin saberlo yo, que no lo hubiera autorizado».

Tiempo después, estando Cernuda en París como secretario del embajador de España en Francia, estalla la Guerra Civil. Pocos meses antes, además, se había publicado en nuestro país su poesía reunida bajo el título de *La realidad y el deseo*, volumen que se iría ampliando en sucesivas ediciones. Con motivo de este lanzamiento, sus compañeros de generación le harían un sentido homenaje y Lorca pronunciaría un cariñoso y adulador discurso sobre esta obra y sobre su amigo: «No habrá escritor en España, de la clase que sea, si es realmente escritor, manejador de palabras, que no quede admirado del encanto y refinamiento con que Luis Cernuda une los vocablos para crear su mundo poético propio», afirmó Federico.

En el mes de septiembre del año 1936, el embajador y su hija Concha de Albornoz, que sería amiga del poeta hasta su muerte, son acusados por la Pasionaria de esconder a un espía en la embajada y tienen que volver todos a España. Semanas atrás, Lorca había sido asesinado y el dolido poeta le escribe una elegía, «A un poeta muerto (F. G. L.)». El texto fue publicado por primera vez a mediados de 1937, pero sufre la censura por parte del Gobierno republicano, teniendo que eliminar la estrofa que hace alusión a su homosexualidad: «Aquí la primavera luce ahora. / Mira los radiantes mancebos / que vivo tanto amaste / efímeros pasar juntos al fulgor del mar. / Desnudos cuerpos bellos que se llevan / tras de sí los deseos [...]».

Se une enseguida a la Alianza de Intelectuales Antifascistas, que dirigen Rafael Alberti y José Bergamín, y se alista en el frente, llegando a luchar poco más de un mes en la sierra de Guadarrama para defender Madrid. Pero su destino no estaba, ni mucho menos, en el campo de batalla. El 14 de febrero de 1938, en plena contienda, Cernuda consigue salir hacia Londres para dar un ciclo de conferencias en apoyo a la República. El permiso había sido gestionado por un amante de Cernuda con el que tendrá sus más y sus menos a lo largo del tiempo, pero que en ese momento le salvó de la que sería más adelante la purga franquista. Así lo expresaba el propio Cernuda en *Historial de un libro*, unas conversaciones publicadas por la revista *Papeles de Son Armadans* en 1959 y que acabaría convirtiéndose en ensayo: «A ese amigo, Stanley Richardson, que murió en Londres en 1940, durante un bombardeo, debo haberme salvado de los riesgos eventuales, después de terminada la Guerra Civil, si su final me alcanza en España».

No obstante, cuando Cernuda salió de nuestro país su idea inicial era permanecer fuera solo un par de meses, aunque la realidad es que sus pies ya nunca más volvieron a tocar tierra española, un lugar con el que tuvo siempre una relación de amor-odio, sobre todo con su Sevilla natal. Uno de los principales motivos de su no retorno fue, claro está, la instauración de la dictadura de Franco, que hizo imposible cualquier intención de regreso. Y el miedo a represalias fascistas no solo venía por su pública homosexualidad, sino también por su posición en la Guerra Civil o su trabajo en las Misiones Pedagógicas de la Segunda República, a la que se entregó en cuerpo y alma.

Durante su periplo internacional, tendrá varias idas y venidas de Reino Unido a Francia, trabajará como lector de español en las universidades de Glasgow y de Cambridge o encontrará un puesto fijo en el Instituto Español de Londres, entre otros menesteres. Después, en 1947, marcha a Massachusetts como profesor de literatura gracias a la intercesión de su amiga Concha de Albornoz y allí permanecerá hasta que en el año 1952 decide instalarse en México. El principal motivo de este cambio no fue otro que el de la aparición de un atractivo culturista de poco más de veinte años llamado Salvador Alighieri, alias el Chocolate. El poeta conoce a este deportista, que llegaría incluso a ser míster México júnior, en el gimnasio Hércules, en el mismísimo centro de Ciudad de México. Cuenta el propio Salvador que en el local todos se metían con él por su acento andaluz y enseguida el joven, que lo defendió, pasó a ser el protegido del autor: «Me decía "tengo vacaciones y me quiero ir al mar, ¿vienes conmigo?". Íbamos y pagaba todo. Debo decir que me ayudaba no solo moral, sino económicamente», contó el culturista en una entrevista muchos años después.

Nunca, según la versión del deportista, tuvieron ningún tipo de contacto físico, más allá de algún que otro beso en la mejilla en señal de cariño y agradecimiento, versión que se contradice en *Poemas para un cuerpo* (1957), una obra dedicada al joven: «La hermosura, inconsciente / de su propia celada, cobró la presa / y sigue. Así, por cada instante / de goce, el precio está pagado: / este infierno de angustia y de deseo». Y por si hubiera cualquier duda con respecto al verdadero destinatario de estos versos, el texto se abre con el poema de evidente título «Salvador»: «Sálvale o condénale, / pero así no lo dejes / seguir vivo, y perderte». Esta obra, en la que se utiliza el término «cuerpo» para no tener que hacer alusión al género del amante, pero también en clara referencia al cuerpo culturista en el que se inspiraba, supone la penúltima obra del poeta, a la que le sigue *Desolación de la quimera* (1962).

Luis llegó incluso a ser padrino del primer hijo de Alighieri y, a veces, le soltaba alguna que otra reprimenda por su fama de mujeriego, según afirmaba el propio interesado: «Luis me regañaba y aconsejaba como si fuera un padre. Íbamos a un café, el Night and Day, y ahí insistía en que no fuera tan loco, que respetara a mi mujer». Es necesario reseñar que a lo largo de la vida de Salvador, su actitud ha ido basculando entre el orgullo de sentirse inspiración de los versos del poeta y la «vergüenza» que le suponía a un hombre pretendidamente heterosexual haberle correspondido, aunque fuera de modo fugaz, a su amor.

La historia entre los dos acaba de forma abrupta. En 1955 Salvador lo deja todo, lo que incluye a su mujer y a sus dos hijos, y emprende un viaje para intentar cruzar la frontera con Estados Unidos. Al no conseguirlo, se queda a vivir en Nuevo Laredo, en el norte del país latinoamericano. No volvería a Ciudad de México hasta pocos días después de la muerte de Cernuda, momento en el que se entera de la triste noticia: «No he vuelto a tener un amigo como él, esos amigos se tienen una sola vez en la vida», diría rememorando la relación con el gran poeta de la generación del 27.

Durante sus últimos años Cernuda estará, cual nómada que no encuentra su lugar en el mundo, yendo y viniendo de México a Estados Unidos y viceversa. Será profesor visitante en diferentes universidades de Los Ángeles y San Francisco y, entretanto, tendrá tiempo de terminar la que sería su última obra, *Desolación de la quimera* (1962). Vuelve a México el 5 de junio de 1963 y justo cinco meses después, el 5 de noviembre, muere en casa de su amiga, la escritora Concha Méndez. Fue encontrado en pijama en el suelo, con una pipa y unas cerillas en la mano. La muerte le sobrevino así, sin esperarla, como tantas otras cosas. Menos el amor, puesto que durante toda su vida estuvo buscándolo sin encontrarlo; él quería un amor real, profundo, espiritual y de gran conexión, alejado únicamente del contacto carnal, que fue lo que casi siempre encontró en su camino con amantes como Salvador o Serafín, dos eses enroscadas en su corazón. Pero como se suele decir cuando se habla del autor sevillano y que él mismo escribió para cerrar su *Historial de un libro*, «carácter es destino». De esta forma, Cernuda, que siempre tuvo fama de solitario, huraño, cascarrabias y asocial, encontró un final que parecía creer merecer y que no consiguió invertir a lo largo de su vida.

CARMEN CONDE
(Cartagena, 1907 - Majadahonda, 1996)

¡Oh pecho de tu cuerpo, tan firme y tan sensible
que un vaho lo pone turbio
y un beso lo traspasa!

Poema «Primer amor» (1945)

El 28 de enero de 1979 Carmen Conde, una mujer republicana que sobrevivió a la purga franquista durante la dictadura española y a la que además le gustaban las mujeres, pronunció su discurso de ingreso en la Real Academia Española, ocupando el sillón K. De esta forma, la escritora cartagenera se convertía en la primera mujer en ingresar formalmente en esta institución desde su fundación en el año 1713.

Siendo consciente de lo que esto suponía para el avance social de la mujer en la recién estrenada democracia, Conde haría diferentes declaraciones y entrevistas en prensa, entre la que destaca la concedida a *El País* el 10 de febrero de 1978, un día después de ser anunciada como sustituta del recién fallecido Miguel Mihura, donde afirmaba que no se esperaba el nombramiento: «Fíjate que estoy vestida de estar en casa

—se excusaba ante el periodista—. Pero me alegro. Esto es importante y no solo para mí, sino para todas las mujeres». Acto seguido, aseguraba que el problema de indumentaria también iba a ser extrapolable a la ceremonia de nombramiento, puesto que hasta ese momento no habían sido necesarios códigos de vestimenta femeninos en esa institución, donde ni siquiera había un baño para mujeres: «Tendré que consultar a los modistos y al protocolo. Lo que sí es seguro es que no pienso llevar frac, ni tampoco espadín», advertía con cierto cachondeo.

En su discurso de ingreso, al que asistió la flor y nata del mundo intelectual además de los reyes de España, también tuvo tiempo para ajustar cuentas con los académicos, a los que les recalcó que su «noble decisión» ponía fin a «tan injusta como vetusta discriminación literaria». Previamente había abierto el discurso recordando a «nuestras grandes escritoras ya desaparecidas» dedicándoles un «homenaje y respeto a sus obras».

Sin embargo, esta magna designación no era otra cosa que el colofón final a toda una vida dedicada a las letras, una labor que no solo desempeñó en el rol de escritora, sino también como impulsora de la educación pública. Y es que ella fundó, junto a su marido Antonio Oliver, la Universidad Popular de Cartagena en el año 1932, una institución auspiciada por la recién proclamada república que pretendía mejorar la educación a través de clases gratuitas y de la organización de actos culturales de diferente índole. Entre sus paredes, por ejemplo, se creó la primera biblioteca y cinemateca infantil de España y por sus aulas pasaron oradoras de la talla de Margarita

Nelken o María de Maeztu, escritoras con una clara vocación feminista.

Sin embargo, esta no sería su única labor en cuanto a alfabetización de la población española, ya que durante los años de la República y muy especialmente durante la guerra, Conde mantuvo una intensa actividad pedagógica, siendo maestra en la Escuela Nacional de Niñas o impartiendo clases a mujeres adultas analfabetas en la Casa de la Mujer de la mano de la Agrupación de Mujeres Antifascistas. Así pues, su especial compromiso con la educación de la mujer, en una época en la que la penetración del género femenino en las aulas era casi marginal, se convirtió en un desafío casi personal.

Años antes de fundar la Universidad Popular de Cartagena, en 1929, se había trasladado a Madrid a la Residencia de Señoritas, un *alter ego* femenino de la Residencia de Estudiantes, que fue fundada en 1915 y que cerró sus puertas en 1939, tras la Guerra Civil y la llegada de la oscuridad. Gracias a las que allí estudian entró también en contacto con el Lyceum Club Femenino, una asociación creada en 1926 por un grupo de mujeres intelectuales de diferentes campos que seguía la estela del fundado en Londres décadas atrás. Nombres como Elena Fortún, la ya mencionada Victorina Durán —que, recordemos, tomaría ideas de esta institución para formar su círculo sáfico—, Concha Méndez o María Teresa León engrosaban la lista de célebres socias.

Gracias a los círculos feministas de la preguerra, Carmen también conecta con Gabriela Mistral, otra ilustre sáfica de quien años después se revelaría su relación con Doris Dana, una admiradora de su obra que pasó a convertirse en secretaria personal, oficio habitual entre aquellas mujeres que querían desviar la atención acerca de la verdadera naturaleza de sus relaciones. El vínculo fue tan fuerte entre Dana y Mistral que estuvieron juntas hasta la muerte de esta última, tres décadas mayor que su pareja, quien pasaría a ser albacea de su obra. «Hay que cuidar esto, Doris, es una cosa delicada el amor», se escucha decir a una Mistral enamorada en una grabación casera cuando celebraran siete años de relación.

Tanto se acercaron los mundos de Conde y Mistral, quien fuera cónsul de Chile en España en 1933 —primera mujer en ocupar este puesto en su país— y Nobel de Literatura en 1945, que la escritora chilena acabó prologando el poemario *Júbilos* (1934), una obra que se percibe alegre y vital gracias al entusiasmo que Carmen sentía por su más que esperado embarazo. Desgraciadamente, ese año que empezó fecundo acabó convirtiéndose en uno de los peores momentos de su vida tras nacer muerto el bebé que esperaba y perder a su padre, a quien se sentía muy unida. La poeta no se llegaría a recuperar nunca de estas pérdidas. Además, ya no podría volver a quedarse embarazada, ahogando así su fuerte instinto maternal y afectando a su relación con Antonio.

Tras el fin de la guerra y el triunfo del bando fascista, su marido, que se había alistado en el ejército republicano como operario de la emisora del Frente Popular y había pasado por diferentes ciudades andaluzas, es condenado a una pena de cinco años de prisión atenuada, una especie de arresto domiciliario, que cumple en Murcia. Por su parte, Carmen permanece escondida en Madrid durante un año y tiempo más tarde tiene que enfrentarse a varias denuncias por haber apoyado al bando republicano durante la guerra. Su caso tras el juicio es sobreseído, lo que le permite seguir trabajando en lugares como la Sección de Publicaciones de la Universidad Central de Madrid —actual Universidad Complutense— o el CSIC. Sin embargo, todo estos procesos judiciales y condenas podrían haberse evitado con el exilio, ya que tuvieron la oportunidad de escapar, pero no lo hicieron porque ambos miembros del matrimonio consideraron que no habían hecho nada malo. «Nosotros pudimos marcharnos cuando acabó la guerra, pero Antonio me dijo: "Mira, Carmen, nosotros no hemos hecho ninguna indignidad. Hemos defendido aquello que creíamos que era nuestro deber defender"», aclaraba Conde en una entrevista radiofónica mucho tiempo después.

Ese primer año de clandestinidad tras el fin de la guerra Carmen lo pasa en casa de la familia de su «amiga» Amanda Junquera y se marcha poco más tarde con ella a El Escorial. A Conde se la había presentado Cayetano Alcázar Molina, marido de Amanda y catedrático de Historia Española de la Universidad de Valencia, a quien la poeta había conocido en 1936 mientras estudiaba allí. Precisamente, el nombre de Amanda se convertirá en un pilar fundamental, por no decir imprescindible, en la vida personal de Carmen Conde. Y es que en una época en la que el deseo femenino era inconcebible, y mucho más si era ajeno al hombre, estas dos mujeres vivieron un intenso romance en 1937 que se prolongó hasta los últimos días de sus vidas. Se cuenta que Miguel Hernández se encontró un día a las dos mujeres de paso por Alicante mientras iban de camino a un parador en Calpe, y él le preguntó a su amiga Carmen, extrañado, qué le pasaba, puesto que le veía en los ojos una alegría especial. Ella, aunque no contestó, dejó patente el inmenso momento de felicidad que andaba viviendo.

Tras la estancia en El Escorial, en el año 1941 el matrimonio formado por Amanda y Cayetano junto a Carmen Conde se trasladan a la planta superior de Velintonia, el chalet propiedad de Vicente Aleixandre, a quien el catedrático conocía de haber hecho juntos el bachillerato. Allí viven hasta el año 1946, cuando Antonio Oliver se traslada a Madrid después de haber cumplido su condena por el delito de rebelión militar. Entonces el matrimonio se instala en una pensión en la calle Goya en compañía de la madre de Carmen hasta 1949, momento en el que ya se marchan a la residencia definitiva en la calle Ferraz, también en Madrid. Sin embargo, aunque el matrimonio se mantuvo unido de cara a la galería tal y como marcaban las normas sociales y morales de la época, ambos integrantes realizaban ya vidas bastante separadas, sentimentalmente hablando. La propia Carmen lo contaba así en una entrevista en Radio Nacional: «Cuando nos encontramos otra vez, ya no éramos los mismos. Nos seguíamos queriendo y comunicándonos, pero se nos había ido la juventud, aunque éramos jóvenes todavía».

En 1968 muere Antonio Oliver, y las dos mujeres entrelazan sus vidas de nuevo. Carmen se marcha entonces a vivir de forma definitiva a Velintonia con Amanda, que ya está también viuda. Ni que decir tiene que cuentan con la bendición del premio Nobel, que incluso les dedica el poema «Ofrecimiento»:

«Para Amanda traigo, / no sé si tardía, / el carmín de oriente / hecho barra viva. / ¿Llego tarde? Acaso, / ¡ay, no lo querría! / Tal vez dejo a Carmen, / por eso, este día, / unos pañuelicos / de esa holanda tímida / que solo han tocado / las lágrimas mías».

Por su parte, Carmen, que era bastante aficionada a la escritura de diarios, se permitió llevar un férreo control de la vida social de Vicente, incluidos los romances que entraban y salían de esa casa. De hecho, el conocimiento del inventario de amantes del poeta sevillano, tanto masculinos como femeninos, se lo debemos en gran parte a estos escritos que, tras la muerte de Carmen, fueron legados al Ayuntamiento de Cartagena.

A pesar de todo, a Carmen su orientación sexual la martirizaba. Como mujer de profundas convicciones religiosas y consciente de lo que podía suponer a nivel social que su relación con Amanda se hiciese pública, ocultó su verdadera naturaleza, manteniendo la idea de que lo que ellas tenían era tan solo una profunda amistad. Así pues, no es difícil adivinar la fuerte batalla interna que tuvo que librar esta mujer a lo largo de su vida, dividida entre lo que tenía que hacer y lo que de verdad estaba sintiendo.

El 27 de diciembre de 1986, tras casi cuatro décadas de vida junto al amor de su vida, Amanda Junquera muere. Años atrás había sido diagnosticada de alzhéimer, misma enfermedad que afectará a Carmen poco tiempo más tarde.

Ella fallecerá el 8 de enero de 1996, casi diez años después. Sus últimos días los pasó en una residencia de mayores, completamente dependiente y olvidada de sí misma. Acababa así la vida de una mujer que fue pionera en muchísimos campos, que abrió el camino a otras mujeres que vinieron después y que intentó, en la medida de lo posible, llegar a un punto de encuentro entre sus obligaciones, sus creencias y sus deseos. Es nuestro deber moral, por tanto, que su nombre no se borre de la historia, por mucho que ella misma, en sus últimos momentos, olvidara todo aquello que tanto le había costado conseguir.

RAFAEL DE LEÓN
(Sevilla, 1908 - Madrid, 1982)

Nadie comprende lo nuestro,
es algo maravilloso.
Nadie nos pregunta nada
porque ya lo saben todo.

Canción «Novio» (1961),
escrita para Concha Piquer

«¿Es usted Concha Piquer?», le preguntó Rafael de León a la artista valenciana el día que la conoció después de una actuación en el Teatro Lope de Vega de Sevilla. Ella lo miró de arriba abajo y, ni corta ni perezosa, le contestó: «Sí, y usted es maricón». El poeta, un tanto sorprendido por la agudeza visual de la cantante, le preguntó cómo se había dado cuenta. «Por la gorra», sentenció doña Concha. Efectivamente, ese día don Rafael llevaba puesta una gorra con borla que dejaba intuir un gusto refinado, así como un amaneramiento que no pasaba desapercibido. Sin embargo, esa gorra tan solo formaba parte de su uniforme, puesto que en esas fechas el poeta se encontraba haciendo el servicio militar en la capital andaluza.

Este personaje de simpática vestimenta, que por aquellos entonces no era más que un atrevido jovenzuelo con aspiraciones a artista, acabó convirtiéndose en uno de los compositores más importantes de nuestro país. Junto al dramaturgo Antonio Quintero y al compositor Manuel López-Quiroga, entre otros colaboradores, gestó las más famosas y recordadas canciones de la copla española. Suyas son, por ejemplo, las letras de «Ojos verdes», «La Zarzamora», «María de la O», «Pena, penita, pena», «Yo soy esa», «A la lima y al limón» o «Tatuaje», entre otras muchas. De la misma forma, también llegó a trabajar mano a mano con las intérpretes que llevaron sus composiciones por los escenarios de toda España, primeras figuras del espectáculo tales como Lola Flores, Rocío Jurado, Estrellita Castro, Isabel Pantoja, Carmen Sevilla, Raphael o la ya citada Concha Piquer, con la que tendría una fructífera relación profesional, además de bastante cercanía en lo personal.

Pero para llegar a este punto, el poeta y compositor tuvo que recorrer un arduo camino. Y eso que había nacido en el seno de una de las familias aristócratas más importantes de Andalucía. Sin ir más lejos, don Rafael de León y Arias de Saavedra ya vino al mundo en un antiguo palacio, sito en la calle San Pedro Mártir de Sevilla, la misma calle que había sido testigo del alumbramiento de Manuel Machado años atrás. Era el primogénito de diez hermanos y, por lo tanto, heredero de un buen puñado de títulos nobiliarios —fue VIII marqués del Valle de la Reina, VII marqués del Moscoso y IX conde de Gómara—, distinciones que tan solo le sirvieron para ahogarse aún más en el ambiente opresivo en el que creció. No en vano, acabó huyendo y terminó actuando en los cafés cantantes más divertidos de Madrid y Barcelona. Precisamente, fue en uno de estos lugares donde lo vio por primera vez el maestro Quiroga, uno de sus máximos benefactores.

Sin embargo, antes de iniciar su periplo artístico, De León intentó seguir el camino marcado por su linaje familiar y en el año 1926 se marchó a estudiar Derecho a la Universidad de Granada. Allí conocerá a una de las más importantes figuras de la generación del 27, don Federico García Lorca, que marcará profundamente su vida y al que siempre se dirigirá con el sobrenombre de «el poeta». En contraposición, Lorca lo llamará «el marqués» en una especie de juego mutuo cómplice. Enseguida entablan una férrea amistad, quizá debido a la pasión compartida por la poesía y el género masculino. De hecho, se cuenta que la canción «Ojos verdes», una de las más insignes del ilustre compositor, nació después de relatar una historia acerca de un marinero de similar mirada mientras se encontraba con Lorca y Miguel de Molina en el café La Granja Oriente de Barcelona. El sevillano la compuso casi de forma inmediata en una servilleta y, ante la queja de Lorca al encontrar similitudes con el «verde que te quiero verde» de su «Romance sonámbulo», De León le contestó, casi enfadado: «Federico, tú no has inventado el verde». Conocida es, además, la censura a la que la letra de dicha canción fue sometida, ya que en su origen comenzaba con un «Apoyá en el quicio de la mancebía» que tuvo que ser sustituida finalmente por un «Apoyá en el quicio de tu casa un día».

No obstante, la alta alcurnia de la que procedía Rafael de León no siempre le fue de ayuda, puesto que al inicio de la Guerra Civil fue encarcelado por el bando republicano durante su estancia en Barcelona debido a su origen aristocrático, situación que don Rafael intentaría revertir arguyendo que era íntimo amigo de los poetas de izquierda Federico García Lorca y Antonio Machado. Estos argumentos, en cambio, no surtirán efecto alguno y pasará los tres años de contienda tras las rejas de la cárcel Modelo, estando incluso a punto de ser fusilado. Se dice que durante este encierro eran tales las ansias que sentía de leer, que una vez devoró un libro de cocina al no tener a mano ningún otro tipo de literatura.

Una vez liberado, tras la victoria franquista, publica su primer libro, *Pena y alegría del amor* (1941). En él aparece un poema titulado «Romance del amor oscuro», que recuerda en temática a aquellos *Sonetos del amor oscuro* de carácter homoerótico de su amigo Lorca que vieron la luz muchos años después: «¡Ay, amor, amor oscuro... / antes de que den las doce! / Que no te sienta ni el miedo / que acecha en tus corredores». En ese mismo volumen, uno de los dos únicos que publicaría en España a lo largo de su vida, le dedica el poema «Responso» a su amigo granadino, que había sido asesinado años atrás: «Tenías una fuerza de toro desmandado / por la marisma seca con alambres y pitas / y la dulzura rosa de una niña morena / que se queja, a la fuente, por su novio lejano». El dolor que le supuso esta pérdida se vería culminado a nivel artístico años más tarde en su composición «Réquiem por Federico», pieza que magistralmente grabaría y recitaría en más de una ocasión Lola Flores: «Lo mataron en Granada, / una tarde de verano / y todo el cielo gitano / recibió la puñalada».

Al igual que su procedencia aristocrática le trajo problemas durante la guerra, también le supuso una complicación a la hora de introducirse en el mundo del espectáculo. Aunque terminó componiendo durante la República canciones de gran éxito e incluso algún que otro cuplé —«Bajo los puentes del Sena», interpretada originalmente por Raquel Meller, es buen ejemplo de ello—, le resultó especialmente difícil meter la cabeza en un universo que no miraba con buenos ojos a aquellos que venían de los ambientes refinados. Fue ir de la mano de Antonio García Padilla, padre de Carmen Sevilla, lo que le permitió componer sus primeras letras. Ya después, justo antes del inicio del enfrentamiento, comienza a triunfar junto a Quiroga y Valverde con grandes éxitos como «Rocío», «¡Ay, Maricruz!», «María de la O» o «María Magdalena». Luego, el consabido encierro que lo apartó de cualquier tipo de actividad creativa, aunque a sus oídos no dejaba de llegar información de que sus letras eran cantadas en uno y otro bando.

A partir de los años sesenta, en un intento por renovarse, ya no solo compone para folclóricas, sino que también se dedica a escribir letras para cantantes melódicos de la talla de Adamo, Raphael o Nino Bravo. Con la canción «Te quiero, te quiero» de este último, de la cual Augusto Algueró compuso la música, llegaron a ser disco de oro. En esos años también se convertiría en un imprescindible del festival de Benidorm, cosechando varios reconocimientos. En 1960 «Luna de Benidorm» quedaría en cuarto puesto y, un año más tarde, la canción «Enamorada», interpretada por José Francis, gana el primer premio. Al año siguiente, el tema «Quisiera», cantado por Los Brujos, se alzaría con el galardón a la mejor letra.

Rafael de León, aunque encontrara un gran reconocimiento en el campo de la composición musical, siempre se encontró entre dos mundos. Fue acusado de rojo entre los de derecha y de fascista entre los de izquierda. Tampoco halló su lugar dentro de las filas de la generación del 27, ya que fue menospreciado desde el momento en que decidió dedicarse al mundo del folclore y a la música popular. Esta labor, considerada demasiado frívola para cualquier intelectual que se preciara, fue alternada con la poesía, aunque nunca se le haya otorgado el lugar que se merece dentro de esta cantera. Como afrenta a ese desprecio, él se alzó como un fiero guardián de la memoria de su íntimo amigo Federico, máximo exponente del movimiento.

El 9 de diciembre de 1982, cuando España seguía con su plan de abrirse al mundo con la organización del Mundial de Fútbol, Rafael de León fallece de un infarto de miocardio en su residencia de la calle Máiquez, en Madrid. Como única compañía, su querida ama de llaves Carmen y su chófer. Se marchaba así, en el más absoluto de los silencios, un artista que se rebeló contra el destino que los hados le habían reservado y que lo convirtieron en la oveja negra de la familia. Y es que en su espíritu albergó tres rasgos que, *a priori*, parecían imposibles de compaginar: el de aristócrata, el de católico y el de maricón reconocido y reconocible. Fue, en cambio, muy discreto en lo profesional. Mientras que toda España cantaba sus canciones, su nombre apenas le era familiar al gran público. Quizá ese fuera el motivo por el que no recibió ni un solo homenaje en vida. Y eso que tras de sí dejó más de ocho mil letras de canciones que contribuyeron a la creación de un género musical propio que aún a día de hoy sigue siendo santo y seña de nuestra idiosincrasia. Y lo que es mejor, también fue el responsable de las letras de las canciones que se convirtieron en el faro de esperanza e ilusión de toda una generación, hijos de posguerra que bailaron al son de sus palabras y que tararearon, previa censura, aquellas canciones que fueron, son y serán la esencia de nuestra identidad nacional.

EL ESPECTÁCULO DEBE CONTINUAR

El mundo del espectáculo ha sido, posiblemente, el territorio artístico en el que las identidades no normativas han conseguido desarrollarse de una forma más o menos libre a lo largo del tiempo. Y es que aquello que aparecía sobre las tablas de un escenario y tras el telón de una sala de fiestas era sinónimo de exotismo, de algo poco común, de lo que no se podía encontrar en el día a día. La gente, esa gente «normal» que asistía a las funciones, pagaba una entrada por algo que condenaría si se lo encontrara en la calle, en las tiendas del barrio o en el estanco de la esquina, pero que, por el contrario, se convertía en una fuente de gozo tras las puertas de un cabaret. Este y no otro era, precisamente, el principal motivo de la aparente tolerancia altruista de las «personas de bien» hacia «los invertidos», el de la banalidad que les suponía lo no cotidiano. Al igual que la mujer barbuda, el bombero torero o el hombre forzudo, la dimensión bufonesca de estas identidades cumplía la función de entretener a los demás y de sacarlos de su rutina para más tarde, una vez caído el telón, volver a la privilegiada estabilidad de sus rancias leyes sociales. De esta forma, la explosión de libertad era tan solo un espejismo que se desvanecía en cuanto aquellos personajes variopintos salían de escena y se bajaban del tacón, se quitaban la boa de plumas o se desabrochaban el traje de lentejuelas. Porque no olvidemos que lo que ocurría sobre un escenario, en la mayoría de los casos, tan solo se quedaba sobre un escenario.

No obstante, a través de ese aparente juego lúdico, muchos artistas encontraron un espacio seguro en el que ser ellos mismos, mostrando sin tapujos su expresión estética o corporal, evitando así las supuestas consecuencias de hacerlo en cualquier otro lugar público. De esta manera, la única forma posible que encontraron para soltar pluma era bailar, al igual que para expresar el género sentido debían travestirse o para hablar de amores prohibidos, componer canciones.

También es importante señalar que para otras personas el mundo de la farándula no era más que un medio de subsistencia, un trabajo que les aportaba ciertos ingresos y al que se habían visto abocadas por culpa de la exclusión social. Especialmente reseñable es el caso de las personas trans a las que el alterne en las salas de fiesta, junto con la prostitución, les suponía la única —o casi única— salida laboral. Ni que decir tiene que esta delicada situación a la que se veían forzadas no era otra cosa que una venganza, el alto precio que debían pagar por ser disidentes de género —en un momento en el que el término «género» no era ni siquiera imaginado— y por atreverse a desafiar a un sistema que castigaba con pena de muerte social a aquellas personas que hacían afrenta a su estricto orden establecido.

Sin embargo, y sin menospreciar a todos los que encontraron su lugar en los cabarets, las salas de fiestas o los cafés teatro, también hubo una cantera de artistas que, aun saliéndose de la norma, consiguieron triunfar en los escenarios en una época en la que ser gay, lesbiana, bisexual o trans no era, ni mucho menos, un punto a favor para labrarse una carrera, fuera del tipo que fuera.

Quizá uno de los mejores ejemplos de esto es el caso de Rafael Conde, el Titi. Este cantante, nacido en Talavera de la Reina pero rápidamente adoptado por el pueblo valenciano, logró sobreponerse al férreo control moral para convertirse en uno de los intérpretes favoritos de la tierra del arroz, con proyección también nacional. Uno de los temas que ha trascendido el tiempo, de hecho, ha sido la canción titulada «Libérate» (1993) en la que se hace una clara apología de la libertad sexual: «Libérate, libérate / ser "sexual" no es un delito / no lo calles / lanza el grito ¡Yyyyyy! / Libérate, libérate / si estás vivo / no estás muerto. / ¡A darle gusto a tu cuerpo!». Su figura, aún a día de hoy, sigue siendo todo un símbolo de libertad, valentía y atrevimiento en un mundo que casi casi continuaba siendo en blanco y negro, al menos para las personas no cisheterosexuales, y que él consiguió teñir de todos los colores que le fue posible.

Otro caso de éxito travesti fue el de La Esmeralda de Sevilla, un transformista de dicha ciudad que se unió a la compañía de Marifé de Triana, tonadillera con la que compartió una amistad que duró un buen puñado de años pero que acabó por un pequeño desencuentro, según afirmaba la propia Esmeralda. Montó La Caseta, un local de transformismo a las afueras de Sevilla en el que ella misma actuaba, además de otras compañeras, y al que incluso iba la policía en calidad de espectadores. Salió en televisión, grabó varios casetes —en su mayoría de chistes de mariquitas, aunque también alguno que otro versionando coplas conocidas— y tuvo una caseta en la Feria de Abril a la que asistía lo más granado de la élite social del momento. Desde luego, una *rara avis* en una época en la que el trato hacia las identidades no normativas no era, ni mucho menos, tan respetuoso.

El Titi o La Esmeralda, por supuesto, no fueron las únicas. Paco Clavel, La Otxoa, Fama o Madame Arthur —que llegó a irse de gira en plena dictadura con un grupo de treinta hombres travestidos bajo las órdenes de un sobrino de la duquesa de Alba— también se balancearon entre la aceptación popular y el libre desarrollo de su estética, rompiendo los patrones que habitualmente eran atribuidos a cada uno de los géneros.

Sin embargo, los artistas que veremos en este capítulo adoptaron una postura mucho más normativa en lo que respecta a su estética y en la que su orientación sexual era revelada tan solo en la más estricta intimidad, bien por decisión propia o bien por el mandato de terceras personas. Caso especial es el de Miguel de Molina, que tuvo que exiliarse de nuestro país por culpa de, precisamente, el acoso que algunos altos mandos franquistas ejercían sobre él debido a su orientación sexual y a su pasado republicano.

Así pues, a continuación revisaremos la vida de cuatro figuras del *star-system* del siglo pasado que se erigieron en artistas reconocidos a nivel nacional y que hicieron las delicias del público generalista. Fueron los que convirtieron su cuerpo, su voz y su gracia natural en herramientas de trabajo, así como en unos discretos artefactos disidentes, aunque de ello no fuéramos conscientes hasta mucho tiempo después. Los que enloquecían a sus fans, llenaban teatros y hacían giras mundiales. De los que había rumores, pero no certezas. Los que, por decirlo en otras palabras, tuvieron que conformarse con vivir su orientación sexual de una forma oculta para poder revolcarse entre los ansiados aplausos. Porque ya se sabe que la fama, casi siempre, tiene un alto precio. Y algunos de ellos, desde luego, lo tuvieron que pagar bien caro.

CARMEN TÓRTOLA VALENCIA
(Sevilla, 1882 - Barcelona, 1955)

Tus manos son cual dos palomas blancas
de tu hermosura en el radiante cielo
porque el poder de tus miradas francas
las detuvo en su vuelo.

Poema «Las manos de Tórtola»
(1914), Pío Baroja

Si paseamos entre las tumbas del cementerio de Poblenou, nos encontraremos con una envejecida y casi abandonada lápida en la que se puede leer: «La que fue gran artista Carmen Tórtola Valencia descansó en la paz del Señor el 15 de febrero de 1955». Con este grandilocuente epitafio no resulta difícil discernir que esta es la sepultura de una artista que fue muy importante, al menos en su tiempo, pero que ya nadie recuerda. Nada extraño, por tanto. Otra cosa no, pero tumbas abandonadas de artistas olvidados las hay a patadas en los camposantos de nuestro país. En esa misma lápida también se puede leer, a renglón seguido: «Y su agradecida hija adoptiva Ángeles Magret-Vilá y Tórtola la acompañó en su eterno descanso el 1 de agosto de 1963». Es decir, ya sí que no hay género de duda de que esta es la tumba de una artista y de su hija adoptiva que decidieron pasar juntas el resto de la eternidad. Lo más normal del mundo. Ahora bien, ¿qué tiene de especial entonces esta sepultura si, a simple vista, nada la diferencia de las que hay a su alrededor? ¿Qué es lo que ha hecho que nos detengamos en ella? La respuesta al interrogante, por si alguien aún no se lo ha imaginado, se encuentra en su interior. Y es que las eternas moradoras de este agujero excavado en la tierra no eran, tal y como rezaba su epitafio, madre e hija. Ni mucho menos. Carmen Tórtola Valencia y Ángeles Magret-Vilá eran, en realidad, pareja sentimental. O, lo que es lo mismo, esposas, si hubieran podido casarse en aquel tiempo.

Aunque sorprendente, la vida sentimental de Tórtola Valencia, la exitosa bailarina internacional de la primera mitad del siglo XX, es tan solo un elemento más de una vida ajetreada y de una personalidad que nadaba a contracorriente, enfrentándose a cualquier convencionalismo social. Al menos con relación a todo aquello que tuviera que ver con la mujer y su lugar en el mundo en aquella época.

Pero no nos adelantemos, que hay mucho que desgranar. Carmen Tórtola Valencia nace en Sevilla en 1882. En el barrio de Triana, para ser exactos. A los tres años se traslada a vivir con sus padres a Londres en busca de una vida mejor, aunque otras fuentes señalan que era más probable que tan solo quisieran escapar de la epidemia de cólera que asolaba nuestro país en aquellos momentos. A los tres años se queda al cuidado de una familia de la alta burguesía londinense mientras que sus padres se marchan a Oaxaca (México). La tragedia golpea pronto la vida de la pequeña Carmen y en el año 1891 su padre muere estando en tierras aztecas. Poco después, en 1894, su madre corre la misma suerte, quedándose la pequeña completamente huérfana con tan solo doce años. En ese preciso momento, la familia adinerada que la tenía bajo sus cuidados se hace cargo de ella y de su educación, exquisita a todas luces, de forma indefinida. La niña recibe clases de pintura, de danza y de música, y también hablará con soltura seis idiomas: inglés, francés, alemán, italiano, catalán y español.

Pero, por segunda vez, hechos inesperados sacuden la vida de Tórtola. Y es que su tutor legal muere y ella se queda con una mano delante y otra detrás. Carmen, en vez de casarse con algún noble que la saque de la desgracia económica en la que se ha sumido, decide buscarse la vida por su cuenta. Es por eso por lo que comienza a dedicarse profesionalmente a la danza. Debuta en el año 1908 en el Gaiety Theater de Londres con un pequeño papel en el musical *Havana*, pero no tarda en destacar como bailarina y apenas un año después inicia una larga gira por Europa que finaliza en el Folies Bergère de París.

En nuestro país actúa por primera vez en 1911. Concretamente, en el Teatro Romea de Madrid, aunque su puesta de largo nacional resulta ser un absoluto fracaso, ya que no asiste apenas público. Dos años después, animada por sus amigos intelectuales españoles, vuelve a intentarlo, ahora en el Ateneo de Madrid. En esta ocasión su actuación se convierte en un éxito rotundo y en todo un acontecimiento social para la élite social de la capital española.

Tórtola fue, aparte de una gran estrella de la danza, una mujer contradictoria y misteriosa, responsable de alimentar algunos rumores sobre su persona, siempre con una clara intención de crear el mito en el que siempre se quiso convertir. Y es que ella tenía bastante claro que su belleza no bastaba para cimentar la leyenda que quería construir. Y eso que en Francia era conocida como «la Bella Valencia» —de hecho, este fue el nombre artístico con el que debutó— y se la llegó a considerar «la mujer más bella de Europa», una mezcla de encanto español y falsa coquetería oriental.

Entre sus pequeñas grandes fabulaciones, se encontraba la afirmación de que era descendiente del mismísimo Goya. Aunque esto era solo la punta del iceberg, ya que a veces también «confesaba» que era hija de un miembro de la realeza española, otras de un lord inglés y algunas de un sacerdote, según tuviera el día. En otras ocasiones especulaba, además, sobre su origen, puesto que a tenor de cómo se levantara, aseguraba ser catalana o sevillana. En esto no iba tan desencaminada porque, según indican las fuentes más fiables, su padre era de Cataluña y su madre de Andalucía. Sea como fuere, lo importante es que cualquier enredo era bueno para alimentar el enigma de la figura de una bailarina que encandiló tanto a las altas esferas políticas como a las grandes élites intelectuales de su tiempo. De hecho, se dice que nunca llegó a cosechar un gran éxito entre las filas populares —como sí consiguieron coetáneas suyas tales como Raquel Meller— porque los espectadores de aquella época consideraban los bailes de Tórtola demasiado exóticos en comparación con los gustos costumbristas que reinaban en el panorama artístico del momento. Esto no impidió, sin embargo, que se recorriera los escenarios de medio mundo, llegando a actuar incluso ante el mismísimo sultán de Turquía. Y es que su público, aunque algo más reducido, era bastante exquisito y elitista. Entre sus admiradores más conocidos, por no decir amantes, se encontraba el rey Alfonso XIII, el príncipe de Gales o el archiduque José de Baviera. También Pío Baroja, Rubén Darío o Ramón María del Valle-Inclán cayeron rendidos ante sus encantos artísticos, encabezando así la lista de fanáticos intelectuales de los que tanto alarde hacía. Algunos de ellos llegaron incluso a dedicarle encendidos versos, como el que encabeza este apartado.

Por su parte, los pintores Zuloaga y Anglada Camarasa fueron un paso más allá y la convirtieron en su musa, llegando a inmortalizarla en sus obras. Como buena diva que era, sin duda se merecía pasar a la posteridad a golpe de pincel de los mejores. Y por si todo esto fuera poco, el compositor Enrique Granados también le compuso la pieza *Danza gitana* (1915), la cual llegó a estrenar ella misma vestida con un traje de flamenca diseñado por el propio Zuloaga.

En lo profesional fue admiradora, por no decir discípula indirecta, de Isadora Duncan, considerada la madre de la danza contemporánea, y, al igual que ella, bailaba descalza. También de La Bella Otero, esa gran artista española afincada en Francia que revolucionó al país vecino. Carmen, en cuanto a técnica, consiguió desarrollar un estilo propio que se caracterizó por mezclar ritmos africanos con danzas europeas y orientales, algunas de ellas consideradas especialmente provocadoras para la época.

El talento de Tórtola, no obstante, no se limitó tan solo a los escenarios de los teatros, ya que también tuvo tiempo de hacer sus pinitos en el cine. Participó en las películas *Pacto de lágrimas* y *Pasionaria*, ambas dirigidas por José María Codina en el año 1915. En *Pasionaria*, Tórtola Valencia encarna el papel de una joven que, tras ser violada y no haber conseguido su padre casarla con su agresor para restaurar su honra, se marcha a América y acaba triunfando como bailarina.

Además de todo lo anterior, Tórtola también prestó su imagen a la línea de perfumes y jabones Myrurgia, la famosa marca de cosméticos catalana. En ella aparece dibujada con un abanico abierto y un traje rojo con volantes negros. Como consecuencia de esto, Tórtola también pasara a la posteridad con el sobrenombre de «la maja de Myrurgia».

Fuera de los escenarios, su carácter indomable también se vio reflejado en su modo de vida, un tanto excéntrico según los mandatos de la primera mitad del siglo XX. Se convirtió al budismo cuando era una religión apenas conocida en España, se hizo vegetariana, dejó de usar corsé porque consideraba que impedía el libre movimiento femenino y fue una ferviente republicana, por mucho que tuviera amigos entre la aristocracia. También hizo sus pinitos con la morfina y, por supuesto, era claramente bisexual.

En cuanto a este último punto, se la relaciona con el ya mencionado pintor vasco Ignacio Zuloaga, aunque él estaba casado y al parecer la cosa no fue a mayores. Con quien sí hubo una aparente relación, e incluso rumores de enlace que se llegaron a publicar en prensa en el año 1927, fue con el escritor y periodista Antonio de Hoyos, que ostentaba el título de marqués de Vinent y del que se podría decir mucho. La relación con este personaje excéntrico, entregado al dandismo, resultó ser tan solo una tapadera, ya que Antonio de Hoyos era homosexual. No obstante, el compromiso, si en algún momento lo hubo realmente, se rompió tan solo un año después de que fuera anunciado.

Pero, sin duda alguna, el gran amor de Carmen fue Ángeles Magret-Vilá, una joven catalana catorce años menor que ella a la que conoce en 1928 y con la que compartió su vida hasta el final. Tal era el amor que sentía por ella, que en 1942 la adopta como hija, con una doble finalidad: primero para acallar los rumores que recorrían los mentideros y después para que pudiera heredar una vez que Carmen muriera.

La carrera de Tórtola Valencia apenas duró doce años. En 1930 se retira del mundo de los escenarios tras una última actuación en Quito, excusándose en que fue una promesa que hizo si Ángeles se recuperaba de una grave enfermedad que casi se la lleva. La realidad es que su estilo ya comenzaba a no interesar al público, por lo que se decantó por hacer mutis por el foro antes de caer en desgracia. Fue, por tanto, dueña de su destino hasta el final.

El resto de sus días, los veinticinco años que le quedaron de vida, los pasó en su domicilio del barrio de Sarriá, en Barcelona, alejada de los focos y de los medios de comunicación, acompañada tan solo por su verdadero amor. Finalmente, el 13 de febrero de 1955 muere en los brazos de Ángeles de un ataque al corazón fulminante y, ocho años más tarde, lo hace su amada. A día de hoy, cualquiera que se acerque al cementerio de Poblenou podrá encontrar la sepultura conjunta, esa de la que hablábamos al principio de este apartado. Desde luego, un pequeño secreto que, nunca mejor dicho, se llevaron a la tumba.

MIGUEL DE MOLINA
(Málaga, 1908 - Buenos Aires, 1993)

Mariquita no, maricón, que suena a bóveda.

Respuesta de Miguel de Molina
a unos insultos en pleno espectáculo

«Me llevaron hasta los altos de la Castellana. Me maltrataron, me dieron ricino, me cortaron el pelo a tirones, porque no sabían y yo tenía el pelo muy lleno de grasa del teatro, y no hacían más que meterme la maquinilla y tirar. Tú no veas el fastidio que fue. Me golpeaban con los puños de las pistolas tan fuerte que a mí me daba la sensación de que me pegaban tiros. Cuando se cansaron, me hicieron beber ricino a punta de pistola. Dios me ayudó y se lo volqué encima de todos ellos, se fueron oliendo a ricino. Y se llevaron el pelo como un trofeo y me dejaron *tirao* como un perro. Yo creí que me habían *matao* porque por aquellos días "el paseo" era una cosa rutinaria».

Esta es la escalofriante declaración que hizo Miguel de Molina en el programa *Las coplas* en el año 1990, casi cincuenta años después de que tres altos cargos del Gobierno franquista entraran en su camerino del Teatro Pavón y le dieran una paliza casi de muerte. Estos individuos ni siquiera fueron capaces de esperar a que terminara de trabajar, puesto que se lo llevaron a rastras entre el primer y el segundo pase de su espectáculo. Era el 10 de noviembre de 1939, pocos meses después de que terminara la guerra, y los artífices de semejante canallada no fueron otros que José Finat y Escrivá de Romaní, conde de Mayalde, director general de la Dirección General de Seguridad y alcalde de Madrid entre 1952 y 1965; Sancho Dávila, destacado político falangista en los primeros años de la dictadura, y un tercero al que Miguel de Molina se refiere como «el jefe de los sindicatos».

La razón de esta cruel tortura no fue otra que la reconocida homosexualidad de Miguel de Molina y su apoyo al bando republicano, o al menos su afinidad al haber actuado entre sus filas en más de una ocasión. Además, Miguel en sus memorias, tituladas *Botín de guerra* —porque así se sentía—, arroja algo más de luz acerca de la inquina que le había tomado el recién estrenado régimen. En ellas aclara que, al parecer, había también un trasfondo personal en todo aquello, puesto que un alto cargo de Falange, según le confesó otro falangista mucho tiempo después, se había propuesto hacerle la vida imposible: «Un homosexual retorcido y resentido, y que cuando la tomaba con alguien no paraba hasta destruirlo», cuenta en sus memorias. En la entrevista de *Las coplas* desvela que esta persona no era otra que el secretario privado de Ramón Serrano Suñer, destacado dirigente de la Falange y ministro franquista.

La Guerra Civil casi pilla a Miguel en Granada. Y es que un mes antes del estallido de la contienda, se había trasladado hasta la ciudad nazarí para rodar una película que llevaba por título *Alhambra* (Antonio Graciani, 1936, aunque estrenada en 1940), también conocida como *El suspiro del moro*. «Por todas partes solo se hablaba de que iba a estallar un alzamiento militar. Y en un bar escuché decir a un tío con una cara de bestia que asustaba: "Pues si hay un levantamiento... al primero que nos vamos a cargar en Granada es a ese maricón de García Lorca"», relata Miguel en sus memorias. El cantante busca infructuosamente al poeta por toda la ciudad para contarle lo que ha escuchado, pero Federico aún sigue en Madrid, por lo que le resulta imposible dar con él. Después tiene que marcharse a Barcelona para terminar de rodar la película y, poco tiempo más tarde, se entera del asesinato de su amigo.

Una vez de vuelta en la capital, tanto él como su secretario, que también era su pareja de aquel momento, son denunciados como franquistas por llevar colgadas al cuello unas cadenas con figuras religiosas. Un vecino comunista responde por ellos y son puestos en libertad, aunque no tardan en trasladarse a Valencia, lugar que se les antojaba más seguro. Allí es llamado a filas republicanas, pero él propone, según relata de nuevo en sus memorias, otro tipo de labores más acordes con su profesión: «En vez de ponerme a dar tiros, que con mi puntería no le iba a dar a ningún fascista, podía formar una pequeña compañía de varieté».

Sin embargo, Miguel se sentía cada vez más inquieto. Estaba seguro de que si Franco ganaba la guerra su destino iba a ser muy parecido al de su amigo Lorca. Por «suerte», cuando las tropas franquistas entraron en Valencia, un fascista metido a empresario apellidado Prieto le ofreció salvarlo de la cárcel y la más que posible muerte a cambio de que trabajara para él, aunque con un sueldo irrisorio. Miguel de Molina no tuvo más remedio que ceder al chantaje disfrazado de favor y, de la noche a la mañana, pasó de cobrar cinco mil pesetas por actuación a tan solo quinientas. Y todo ello, por supuesto, bajo amenaza de ser denunciado por rojo a las autoridades si se negaba al acuerdo.

Una vez terminada la guerra y ya de vuelta en Madrid, Miguel se rebela contra el empresario y rompe el contrato, dándose al poco tiempo el conocido episodio en los altos de la Castellana. Tras recibir la paliza y quedar medio moribundo, consigue parar un taxi que lo lleva al Teatro Pavón para hacer el segundo pase de su espectáculo. Como es lógico, no le resultó posible y tuvo que irse a su casa mientras que por las calles de Madrid se rumoreaba que lo habían asesinado. Sin embargo, reapareció en público poco después y consiguió terminar su contrato. Eso sí, tuvo que hacerlo con una peluca que se había comprado imitando su pelo original, ya que tenía trasquilado el poco pelo que le quedaba.

En cuanto acabaron sus compromisos teatrales, se marchó de nuevo a Valencia. Tras varias idas y venidas de una ciudad a otra, un destierro temporal en Cáceres, varias visitas a la DGS y la prohibición expresa de actuar, Miguel de Molina no tiene más remedio que contemplar la opción del exilio. Gracias a Polín, un falangista del que Miguel cayó enamorado, consigue un pasaporte falso para escapar de España. El apuesto militar se ofrece a acompañarle en su viaje, a pesar de tener en Madrid mujer y dos hijos. No obstante, y sin pensárselo dos veces, Miguel acepta el ofrecimiento.

Ambos hombres desembarcan el 7 de noviembre de 1942 en Buenos Aires, ciudad a la que Molina había sido invitado por la empresaria Lola Membrives para actuar en el Teatro Cómico de la capital, y Polín pasa a convertirse en su administrador y secretario, además de en su amor imposible: «Mucha gente daba por sentado que Polín y yo éramos amantes y no fue así. Mil veces le declaré mis sentimientos y otras tantas me rechazó con su postura firme y machista».

En Argentina rápidamente vuelve a resurgir de sus cenizas, pero, como ya le había pasado en unos tiempos no tan lejanos, un trío de militares lo visitan y lo detienen acusado de escándalo público. Al poco, y tras pasar unos días en la cárcel, lo montan en un barco de vuelta a España mientras que Polín, quien tenía poderes notariales para hacer y deshacer a su antojo, desaparece de escena y se queda con todo su dinero.

En España se resguarda de nuevo en Valencia, donde tiene una casa en propiedad en la que vive su madre, y poco después se traslada a Madrid para intentar buscarse la vida como anticuario, ya que había asumido que no le iba a ser posible volver a actuar en su país. No obstante, sus ganas de subirse a un escenario se vuelven irrefrenables e intenta buscar suerte en México. Contacta con un empresario de allí que le ofrece un contrato y, sin pensárselo demasiado, embarca en 1946 rumbo a tierras aztecas desde Lisboa. Al otro lado del charco vuelve a triunfar con un espectáculo que ponía a todos los asistentes en pie gracias a la interpretación de sus canciones más conocidas. Tal fue el éxito, que el mismo empresario decide montar un nuevo show en otro lugar, el teatro-cine Esperanza Iris. Pero los problemas surgirían de nuevo y el cantante malagueño se encontraría con la oposición frontal de dos sindicatos; uno de ellos el de actores, presidido por Jorge Negrete y Cantinflas, que habían prohibido expresamente que se actuara en este lugar. Tal fue el boicot sufrido —entraron grupos armados, bajaron el cuadro de luces en mitad del espectáculo, pusieron una bomba que arrancó varias butacas...— que el empresario no tuvo más remedio que cancelar la temporada de forma precipitada.

Así pues, a Miguel, que siempre se caracterizó por no darse por vencido con facilidad, se le ocurre la idea de volver de nuevo a Argentina, por mucho que todo el mundo con quien compartía su deseo le dijera que le iba a resultar imposible. Sin embargo, tuvo la ocurrencia de contactar con Eva Perón, que se acababa de convertir en primera dama, para pedirle que intercediera por él. Contra todo pronóstico, Evita cede tras comprobar que su historial está limpio, lo respalda y consigue que Miguel de Molina pise de nuevo tierras argentinas. Por consiguiente, en 1946 el artista andaluz vuelve a brillar sobre los escenarios del país, y esta vez bajo la protección de la mismísima esposa del presidente de Argentina.

Se instala entonces cómodamente en Buenos Aires y, aunque sufre el duro golpe de la muerte de su madre en 1947, consigue traerse consigo a una de sus hermanas, junto a su marido y sus tres hijas.

En 1953 le llega la noticia de la muerte de aquel alto cargo falangista que desde las sombras le hizo la vida imposible. En ese momento, ya sin ese obstáculo institucional, se le pasa por la cabeza la idea de volver a su añorada España, ya que en Argentina el clima político, sumado a la muerte de su amiga Eva Perón y al exilio de su marido, se había vuelto irrespirable. Aun así, no se decide a tomar el barco de retorno hasta cuatro años más tarde.

De nuevo en España, realiza varias actuaciones con un gran éxito de crítica y público —una de ellas en las Fallas de Valencia, su tierra amada— y, animado por los vientos que soplaban a su favor, acepta una propuesta de espectáculo en el mítico Florida Park, en Madrid. El lugar, repleto de caras famosas, vio esa noche brillar a un artista que, aunque ya contaba con casi cincuenta años, puso todo su empeño en borrar la huella del Miguel de Molina torturado y víctima del régimen para dejar paso a la gran estrella internacional. Sin embargo, y aunque recibió algunas ofertas de giras por el país, decide volver a Argentina, pues consideraba que el éxito en España le llegaba demasiado tarde, además de no terminar de sentirse seguro con Franco en el poder y de percibir que Buenos Aires ya se había convertido en su verdadero hogar.

En Argentina pasa retirado varios años, ya que sabía que su lozanía se había marchitado, hasta que un empresario le ofrece un nuevo contrato. Él, añorante de pisar otra vez un escenario y de disfrutar del aplauso del público, acepta la propuesta, un tanto precipitada en su preparación. Desafortunadamente, el estreno fue un rotundo fracaso y apenas consiguió llenar un par de filas de butacas. En ese mismo momento, con cincuenta y dos años, Miguel de Molina decide no volver a subirse a un escenario nunca más.

En el año 1992, poco antes de morir, recibe una carta de la embajada de España en Buenos Aires. Aunque está a punto de romperla sin leerla, finalmente opta por abrirla. Para su sorpresa, la joven democracia lo tenía muy presente y, en nombre del rey Juan Carlos I, el Estado español le había concedido la medalla de la Orden de Isabel la Católica, una de las distinciones más importante del país, en reconocimiento a su contribución personal al mundo del arte en España. Aquella condecoración llegaba, a su parecer, demasiado tarde, aunque eso no impidió que se sintiera emocionado, puesto que sabía que a su madre le hubiera gustado verlo «con la medalla al pecho». Así pues, acepta el reconocimiento y en la ceremonia de entrega en la embajada Miguel de Molina canta en público por última vez. La canción elegida es su más que conocida «Ojos verdes», esa que se urdió mientras se encontraba con Federico García Lorca y Rafael de León en un café de Barcelona.

Pocos meses después, el 4 de abril de 1993, Miguel de Molina muere de un infarto fulminante. Se iba así un artista que hizo frente a mil y un contratiempos y al que la calma le vino de golpe. En sus memorias reconoció que sus últimos años, aquellos a los que claramente denominaba su ocaso, los había pasado ahogado por la rutina de una vida sin responsabilidades que atender y sin escenarios a los que subirse. Por eso mismo, él creía que, quizá, debería haberse marchado antes, ya que se sentía identificado con aquello que leyó en una novela en la que se decía que todo lo que era hermoso debía morir a tiempo. «Y yo —perdónenme la vanidad— fui hermoso», apostilló en su biografía.

ANTONIO AMAYA
(Granada, 1923 - Sitges, 2012)

Que sepan los serafines y las niñas de Triana
que visto de colorines; que visto de colorines...
porque a mí me da la gana.

Canción «El gitano Colorines» (1964)

«Yo soy un *enamorao* de la belleza. A mí me gusta la Giralda de Sevilla, me gusta una mujer guapa con los senos mirando al cielo, me gusta un hombre guapo en bañador. Todo lo que es belleza, es amor». Con esta pintoresca declaración, el cantante Antonio Amaya se «justificaba» en el año 1992 en el programa *Sabor a Lolas* ante la pregunta de la entrevistadora, su gran amiga Lola Flores, de si era «*hemosesuá* o mariquita». La cantante, no contenta con la respuesta que el artista le había dado, continuó ahondando en el tema y le preguntó si había vivido una *dolce vita* o si había hecho bacanales. «¿Y por qué no? —le replicó de nuevo Amaya—. ¿Te vas a morir sin haber *probao* todo en la vida? Claro que lo he hecho y lo he *pasao* bomba de bien».

Antonio Amaya es una de las figuras más relevantes de la

copla española del siglo XX. Fue miembro fundador de un exclusivo olimpo al que tan solo se permitía la entrada a aquellos que eran capaces de cuajarse las manos de anillos, el cuerpo de volantes y de perderle el miedo a mover el cuerpo grácilmente. Quizá por ello, aparte de grandes de la copla, los máximos exponentes de este género también eran homosexuales. Miguel de Molina, Tomás de Antequera, Pedrito Rico o el Titi son algunos nombres que alternaron la disidencia sexual —discreta en sus primeros años— con el respeto del público y de la industria musical.

El caso de Antonio Amaya, por tanto, no es diferente. Nacido en Granada, pero bautizado y criado en Jaén, se marchó a Madrid en cuanto cumplió dieciocho años para probar suerte en el mundo del espectáculo bajo el nombre de «El Gitanillo de Bronce». Enseguida comienza a trabajar como *boy* de Celia Gámez, la vedette por excelencia del régimen franquista —esa que cantó aquel chotis de «¡ya hemos *pasao!*» en respuesta al lema republicano de «no pasarán»—. Como compañeros, el en esos momentos principiante actor Tony Leblanc y José Manuel Lara, quien años más tarde se convertiría en editor y fundaría la editorial Planeta.

Uno de sus mayores éxitos musicales fue «Doce cascabeles», canción de 1952 que también cantarían a lo largo de su carrera primeras figuras como el ya citado Tomás de Antequera, Joselito o Manolo Escobar. Sin embargo, él en esos días ya venía de cultivar una rutilante carrera en el teatro, con exitosos espectáculos en Barcelona junto a Mary Santpere, la imponente vedette Carmen de Lirio e incluso una primeriza Lina Morgan. Tal fue su fama, que en el año 1950 el Teatro

Victoria de Barcelona le concedió el lazo de oro por sus dos años consecutivos de éxitos en diferentes teatros de la ciudad. La ceremonia de entrega se celebró por todo lo alto, con la asistencia de varias personalidades del mundo artístico catalán, además del equipo de la película *Brigada criminal* (Ignacio F. Iquino, 1950) en la que también participaba Amaya. No faltó nadie. Y es que el cantante andaluz levantaba encendidas pasiones entre el público, sobre todo el femenino, que le arrancaba botones, cordones e incluso algún que otro mechón de pelo a la salida de sus espectáculos. Algunas de ellas, contaba Amaya, llegaron a esconderse bajo la cama de su hotel y otras, de tanto aplaudir, se cayeron del palco del teatro.

Durante años, él fue una de las figuras más relevantes del mundo de la copla, especialmente en las zonas que él denominaba su triángulo —Barcelona, Zaragoza y Mallorca, donde tenía casas—. También llegó a cosechar gran reconocimiento en Valencia, ciudad en la que pasó temporadas y donde cultivó una estrecha amistad con Rafael Conde, el Titi. Es por eso por lo que en los años noventa, ya en la madurez de ambos, no era extraño verlos juntos paseándose por los platós de televisión.

Antonio, dicho sea de paso, nunca escondió su orientación sexual. Es más, generó algún que otro escándalo en los albores de la democracia cuando apareció desnudo en la revista *Papillón* acompañado del titular «Antonio Amaya: el culo más sexy de España». Corría el año 1977 y, según afirmaría el propio protagonista, este reportaje fotográfico generó tal revuelo que la revista se acabó cerrando. En octubre de

1978 repetiría la hazaña, esta vez en el número 79 de la revista *Party*: «Antonio Amaya nos lo enseña todo», rezaba el titular en la portada.

Igual que no tenía reparo alguno en aparecer desnudo en las revistas, tampoco le suponía mayor tribulación salir maquillado en las fotos o hablar de sus parejas sentimentales, que fueron tanto hombres como mujeres. Es decir, Antonio Amaya, según se desprendía de sus declaraciones, era bisexual. En una entrevista que le hizo el artista multidisciplinar Pierrot para su web *Memorias del espectáculo* cuando el cantante ya era bastante mayor, cuenta, además, que tuvo un hijo: «Sí, pero ya ves, sigo soltero y eso que tuve cientos de amores de ambos sexos... De enamorarme, me enamoré cinco veces, pero de amor... todo. La primera vez fue con una mujer, y tuve un desengaño muy grande. Luego estuve enamorado de un hombre, durante tres años; después conocí a Teresa, pero no nos entendimos. Me casé en México y tuve un hijo, pero también se terminó».

Entre sus conquistas masculinas también se encontraba José María Rancaño Lasso de la Vega, que sería quien lo bautizaría artísticamente —su nombre real era Antonio Peláez Tortosa— y se convertiría en su mánager. Lasso de la Vega también llevaría a otros nombres de la escena musical española tales como el Dúo Dinámico, Camilo Sesto o Joan Manuel Serrat. Según cuenta el propio Amaya en el libro *Llámame vidita. Biografía apócrifa de El Titi* (autoedición, 2023), estuvieron juntos hasta que el representante murió en el año 1988. En el libro también desvela que tuvo un *affaire* con Rafael Conde mientras protagonizaban la revista cómica *Tal... para cual* en Barcelona: «José María [Rancaño Lasso de la Vega] tenía sus negocios y sus cosas y no estaba con nosotros todo el tiempo. Rafael y yo nos acostamos algunas veces...».

Amaya quiso ser el continuador del legado de Miguel de Molina. No en vano, cantaba algunas de sus canciones como «La bien pagá» y adoptó muchas de sus maneras. Tanto fue así, que Antonio siempre contaba orgulloso que Miguel de Molina le había regalado una de sus chaquetillas cuando estuvo en Argentina. También afirmaba que uno de sus discípulos —o imitador, más bien— fue Raphael, que le copiaba los movimientos y la forma de moverse por el escenario.

Es difícil de entender que en una España tan gris que ejercía un férreo control sobre las identidades y los cuerpos, Antonio Amaya pudiera moverse tranquilamente por los escenarios sin esconder lo más mínimo su pluma. Y, aun así, contar con hordas de fans del género femenino que suspiraban por sus huesos, entre las que se decía que se encontraba la propia Carmen Polo, la esposa de Franco. Un misterio más de un régimen que parecía que a veces se le escapaban las cosas más evidentes.

La última etapa de su vida, como suele ocurrir con estos artistas que lo fueron todo en un momento dado de la historia, se caracterizó por una calma que le llegó de forma paulatina. Acabó convirtiéndose en empresario y se dedicó a organizar espectáculos en los que él aparecía de vez en cuando. Luego se marchó a vivir a Sitges y montó un local llamado Chez Antonio en el que había paredes repletas de fotos y recuerdos de sus años de estrellato. En la planta de arriba del bar se encontraba su vivienda habitual que ocupó mientras se pudo valer por sí mismo. Siempre dijo que se había comprado muchos pisos y presumía de propiedades, abrigos de piel y joyas —que tuvo que empeñar en más de una ocasión—, pero la realidad es que murió arruinado. Él mismo lo cuenta así en *Llámame vidita*: «Yo tardé más en arruinarme del todo porque había tenido muchísimo más: ocho pisos en Zaragoza, una finca en Palmanova, una casa en Ibiza, cuatro pisazos en Valencia, una sala de fiestas, mi casa aquí en Sitges, Chez Antonio, con el restaurante a pie de calle, lleno de fotografías y recuerdos y arriba la vivienda, una bombonera muy vivenciada, horrorosa de limpiar. Mi última casa. Aparte, el vestuario, yo siempre he sido muy caprichoso: más de treinta abrigos de pieles, de visón, de chinchilla, de astrakán [...]».

Sus últimos años de vida los pasa en la Residencia-Hospital Sant Joan Baptista gracias a la Generalitat de Cataluña, que financia la mensualidad —«Y ahora ya me ven, aquí recogido y porque la residencia está subvencionada por la Generalitat y el Ayuntamiento, que, si no, ni tendría dinero para pagarla», reconoce amargamente en *Llámame vidita*.

En su entrevista con Pierrot, ya viviendo en la citada residencia, cuenta que Carmen de Mairena lo visita una vez al mes y se hace una extensa descripción de su nuevo hogar: «Antonio nos invita a conocer su habitación. Lo que hoy es su hogar. Es la 606. El capicúa del diablo. Tiene el tamaño de un panteón. Al frente una ventana. A la izquierda, cubriendo todo el ángulo, la cama de una plaza. A la derecha media estantería y un armario. Posiblemente todo llega a cinco metros cuadrados. Todo blanco limpísimo. En la estantería nos muestra, enmarcada, una foto de su hermana, la única que fue artista, Lourdes Roquiel; y se le cortan las palabras y llora...». Esta hermana, quien fuera vedette y compañera suya en varios espectáculos, acabó tirándose por un balcón con veintinueve años debido a una fuerte depresión.

Antonio permanece en la residencia una década, hasta que muere el 14 de mayo de 2012, con ochenta y ocho años. Con él se fueron cientos de historias del mundo del espectáculo, alguna que otra mentirijilla y más de una fantasía con la intención de engrandecer su nombre y su legado. Como viene siendo costumbre cuando posamos la mirada sobre estos personajes, pocos medios se hicieron eco de la noticia de su fallecimiento. Una vez más, un artista que fue de los más importantes de nuestro país acabó marchándose en el más absoluto de los silencios. Nada nuevo bajo el sol.

MARI TRINI
(Caravaca de la Cruz, 1947 - Murcia, 2009)

Yo no soy esa que tú te imaginas,
una señorita tranquila y sencilla.

Canción «Yo no soy esa»
(1971)

Decían que Mari Trini tenía una pata de palo porque nunca enseñaba las piernas. También que era alcohólica por tener la boca torcida o la tildaron de marimacho por vestir pantalones vaqueros —de hecho, fue la primera mujer en España en aparecer en televisión con unos tejanos—. Podríamos decir que este tipo de rumores eran el alto precio que tuvo que pagar por la fama, ya que Mari Trini fue una de las cantautoras más importantes de nuestro país entre los años setenta y ochenta, con unas cotas de éxito y de reconocimiento público inimaginables en la actualidad. También podríamos determinar que esta clase de chismes eran el resultado de haber llevado una vida privada hermética a la que no permitía a los medios acceder y, de esta forma, daba rienda suelta a las ganas de fabular.

En realidad, podríamos aducir muchos argumentos para justificar —aunque sea injustificable— el afán que hubo por intentar deslucir la carrera de la cantante murciana, a la que en sus primeros años tildaban de triste o melancólica, aunque ella fuera todo lo contrario. No obstante, es posible que la respuesta a estos interrogantes sea mucho más simple, y a la vez retorcida, de lo que nos podamos imaginar. Y es que la inquina de parte de la opinión pública hacia Mari Trini tenía más que ver con algo que aún a día de hoy sigue levantando ampollas en ciertos sectores: su postura feminista y su posición en el mundo como mujer independiente. No en vano, su trayectoria profesional estuvo marcada por el compromiso hacia la mujer, hecho que ella misma ponía de relieve cuando se negaba a enseñar su cuerpo sobre un escenario, puesto que quería ser valorada por su talento y no por su físico. También cuando compuso «Yo no soy esa», considerada hoy un himno de la liberación femenina. El tema, de hecho, nació como respuesta al «Yo soy esa», canción popularizada por Juanita Reina en los años cincuenta y mucho tiempo más tarde por Isabel Pantoja. En ella, Mari Trini canta a todas esas mujeres que no cumplen ni quieren cumplir las expectativas de los hombres y que no tienen la más mínima intención de someterse a sus exigencias. Todo ello en contraposición al tema compuesto por los maestros Quintero, León y Quiroga, en el que se dibuja a una mujer supeditada a la voluntad de los hombres: «Yo era muchas cosas que ya se han perdido / en los arenales de tu voluntad» o «lo mismo me llaman Carmen / que Lolilla, que Pilar / con lo que quieran llamarme / me tengo que conformar». Resulta bastante llamativo que en plena dictadura franquista —estamos hablando del año 1971— la letra de Mari Trini superara sin mayor problema la censura, señalando una vez más la falta de «preparación» de algunos censores, ya que todo apunta a que ni siquiera fue entendida. Cabe destacar también que esta canción ya había sido grabada previamente en francés por ella misma en el año 1965 con el título «Ce n'est pas moi», pero no se hizo realmente famosa hasta la grabación de su versión en castellano.

Mari Trini no lo tuvo nada fácil para llegar a alcanzar la cima del éxito, ese que la llevó a vender más de diez millones de discos a lo largo de su carrera o a conseguir que sus canciones se escucharan en medio mundo, incluido Japón. La vocación artística se le acentuó, concretamente, debido a una enfermedad de riñón que la mantuvo en cama de los nueve a los catorce años —«Me acosté niña y me levanté mujer», llegó a decir—, situación que le sirvió para aprender a tocar con maestría la guitarra y para componer canciones como forma de lucha contra la soledad y el aburrimiento. De hecho, una de las secuelas que le dejó esta larga enfermedad que la obligó a pasar por el quirófano varias veces, fue ese torcimiento de boca que sirvió a sus detractores para acusarla de borracha años después.

María Trinidad Pérez de Miravete-Mille era la mayor de cuatro hermanos de una familia de origen aristocrático —su padre era nieto de los marqueses de Peñacerrada y descendiente del escultor Francisco Salzillo y su madre duquesa de la Torre—, por lo que esa rebeldía artística que se manifestó a temprana edad se cotizaba doble. Quizá por eso se marchó bien pronto de la casa familiar madrileña, donde se había trasladado desde su Caravaca de la Cruz natal, y poco después a Londres, animada por Nicholas Ray, el director de, entre otras películas, *Rebelde sin causa* (1955) o *Rey de reyes* (1961). Y es que Mari Trini había empezado a actuar en Nikka's, el pub que el estadounidense tenía en la calle Cartagena de Madrid, quien, tras haber comprobado su talento y haberse convertido en su mánager, no tardo en recomendarle a la murciana que se formara en interpretación fuera de nuestras fronteras. No obstante, a Mari Trini no le convenció demasiado el mundo de la actuación ni el movimiento musical que se había formado en torno a los Beatles, por lo que al año siguiente decidió trasladarse a Francia, donde grabó sus primeras canciones después de abandonar los estudios de Filosofía y Letras en la Sorbona.

A finales de los sesenta, tras la muerte de su padre, vuelve a España y el éxito es casi inmediato. Tras un primer disco en el que se mezclaban letras suyas con las de otros artistas, en 1970 publica *Amores*, álbum que la catapulta directamente a la fama. A partir de entonces, cultiva una carrera de aciertos constantes con discos como *Escúchame* (1971) o *Ventanas* (1973) que siguen la misma estela de aceptación popular. Al mismo tiempo, su música también es escuchada en Latinoamérica, encontrando el punto de mayor expansión en el año 1981, cuando su tema «Ayúdala», del álbum *A mi aire* (1979), se convierte en la banda sonora de la telenovela venezolana *Elizabeth*. La canción, no obstante, es censurada en Argentina, aduciendo que se trataba de una relación amorosa a tres bandas, algo que Mari Trini siempre negó.

Aunque su éxito fue rutilante durante más de una década, a partir de mediados de los años ochenta, con la movida madrileña en auge, los gustos del público español comienzan a cambiar y la dejan en un segundo plano. Aun así, en el año 1982 firma una de sus canciones más recordadas, «Una estrella en mi jardín». Aunque la enorme popularidad que había tenido comienza a disminuir en estos años, ella continúa dando conciertos y grabando con diferentes discográficas, ya que en 1987 rompe su larga relación con Hispavox.

Precisamente, en esta época de cambio profesional Mari Trini posa desnuda para la revista *Interviú*. Corría el año 1984 y se decía que la cantante se había cansado de escuchar la cantinela de que nunca enseñaba su cuerpo porque no se sentía a gusto con él o porque era coja, cuestiones con las que incluso llegó a bromear en algunas entrevistas. De esta forma, con su aparición en la portada de la revista, pretendía acallar los rumores a los que durante décadas había decidido no prestar demasiada atención. En cambio, otras fuentes sostienen que la decisión de hacer el posado fue debido a un posible bache económico que la intérprete no sabía cómo solventar. Sea como fuere, el reportaje acabó siendo más artístico que erótico, por lo que se siguió manteniendo ese halo de intelectualidad que la cantante se había encargado de cultivar durante todo ese tiempo.

En cuanto a su vida personal, Mari Trini pasó más de cuarenta años al lado de una mujer, Claudette Loetitia Lanza. De ella poco se sabe, más allá de que se vieron por primera vez en Madrid, que era trece años mayor que ella y que, en el momento en que se conocieron, la francesa estaba casada y tenía un hijo, algo que no fue impedimento para que lo dejara todo e iniciara una vida junto a la cantante. Los detalles de su relación quedan, como suele ocurrir con las historias de aquella época, en la más estricta intimidad —«Mis aventuras amorosas son secretas», sostenía la intérprete—. Es más, de puertas para afuera, Claudette siempre fue considerada la secretaria personal de Mari Trini, por mucho que incluso, según señalan algunas fuentes, llegaran a casarse cuando el matrimonio igualitario fue legal en España.

Otra mujer, en este caso una intelectual ilustre, cayó rendida ante los encantos de Mari Trini. Se cuenta que Gloria Fuertes, integrante de la generación del cincuenta y convertida en su última etapa en la poeta de los niños, se enamoró perdidamente de Mari Trini. Tanto fue así, que incluso le llegó a escribir un poema, «Cuando Mari Trini canta»: «Esta niña que se llama Mari Trini / cuando canta, / la verdad reluce, / la maldad / se espanta cuando canta / cuando Mari Trini canta / ¡hasta Dios se levanta! / cuando Mari Trini canta». La intérprete murciana, sin embargo, no correspondió este amor romántico, aunque en su lugar le ofreció una amistad que duró para siempre. Y de forma literal, ya que estuvo al lado de la poeta hasta sus últimos días.

En el tramo final de su vida, Mari Trini tuvo que enfrentarse al olvido. En la década de los noventa se produce un largo silencio discográfico de cinco años hasta que en 1995 aparece *Sin barreras*, un disco en el que vuelve a grabar sus canciones más famosas con un sonido actualizado. En 2001, tras otra interminable ausencia de los estudios de grabación, regresa a la escena musical con un álbum grabado junto a Los Panchos. Aunque rápidamente se convierte en disco de oro, la discográfica quiebra y tiene que ser retirado del mercado, sin recibir Mari Trini remuneración alguna. La cantante se siente estafada e inicia una cruzada judicial que acaba ganando, aunque tan solo consigue recuperar los derechos para poder publicar el disco en otra discográfica.

Esta accidentada situación, que pretendía ser la feliz vuelta de la cantante murciana a los escenarios, sumerge a Mari Trini en una depresión que se suma a las complicaciones de salud, llegando a tener que someterse a una cirugía para extirparle un riñón en el año 2004. Por otro lado, al año siguiente recibe el reconocimiento de la SGAE por su extensa carrera y le entregan el disco multidiamante, celebrando los diez millones de discos vendidos. Además, sale a la luz un recopilatorio con sus grandes éxitos junto a un DVD con sus actuaciones en televisión.

En el último año de vida, se traslada a Murcia para preparar un concierto de despedida en el Teatro Romea, ya que sabe que no le queda demasiado tiempo tras haberle sido diagnosticado un cáncer. Por desgracia, no le resulta posible despedirse de su público, ese que tanto le dio, ya que el día 6 de abril de 2009 su luz se apaga para siempre. Tenía tan solo sesenta y un años.

El legado que Mari Trini ha dejado en el mundo de la música española ha sido inmenso, con numerosos discos a sus espaldas, millones de copias vendidas y canciones que ya forman parte del imaginario de nuestro país. Sin embargo, su figura ha sido rápida e injustamente olvidada tanto por el gran público como por los medios especializados, por mucho que durante más de dos décadas fuera una de las figuras más importantes de la canción española, además de un referente en la lucha por los derechos de la mujer. De hecho, el año anterior a su muerte recibió de manos del Gobierno de la Región de Murcia el premio Lucha por la Igualdad en el marco de las celebraciones del Día de la Mujer, siendo este uno de los últimos actos públicos a los que acudió. Mari Trini fue, si quisiéramos resumir su vida en pocas palabras, feminista, cantautora y lesbiana. Es decir, un mirlo blanco que, al parecer, sí que acabó pagando el alto precio de no ser aquella que todos imaginaban.

LA MIRADA TORCIDA EN EL CINE

El cine ha sido otra de las principales vías de escape para las personas disidentes. Imaginarse en otros contextos, zambullirse en realidades ficticias o evadirse gracias a la trama de sus protagonistas han sido herramientas que nos han permitido seguir adelante y endulzarnos un poco la existencia, aunque tan solo fuera durante el rato que duraba la proyección. Y es que pensar que otro mundo era posible, por muy lejos que estuviera de nuestra rutina, nos permitía soñar libremente y colocarnos en un lugar al que no podíamos acceder, ni mucho menos, de forma habitual.

Y cuando hablamos del cine, no solo nos referimos a ese mundo intangible de las ideas que acaban plasmadas en una película de 35 milímetros, sino también al propio espacio físico en el que se proyectaban. Es decir, a ese lugar en el que todo era posible cuando las luces se apagaban. No en vano, multitud de salas de cine se convirtieron durante mucho tiempo en una especie de lugar seguro para un gran número de hombres homosexuales, además de, por supuesto, un punto de encuentro sexual. Sin ir más lejos, el madrileño cine

Carretas, situado en la calle del mismo nombre y en la actualidad reconvertido en un bingo, fue uno de los principales lugares de *cruising* de la capital y uno de los más reconocidos de Europa. Tanto fue así, que incluso se le dedicó un extenso reportaje en el periódico *El País* en el año 1986 titulado «Cine Carretas: la catedral del morbo homosexual». En él se hablaba de aquel lugar con mucho detalle, aunque no de una forma especialmente cariñosa: «La puerta de un local inevitable y sin competencia del mundillo gay se ubica en Madrid, ciudad de los mil vicios, y a la altura del número 13 de la populosa calle de Carretas. La atraviesan en su mayoría hombres de doble vida, terapeutas de cintura para abajo, aventureros sexuales que buscan a tientas, en lo oscuro de la sala, un alivio a sus sentimientos de ansiedad a través del amor urgente y del ligue rápido y anónimo». Una manera bastante poética de sacar a relucir juicios de valor enquistados en el imaginario colectivo de aquellos «modernos» años ochenta.

Sin embargo, el cine Carretas no fue la única sala en la que se practicaba el «amor libre». Gonzalo Goicoechea, guionista y mano derecha del director Eloy de la Iglesia en muchas de sus películas, cuenta a Alejandro Melero en el libro *La noche inmensa. La palabra de Gonzalo Goicoechea* (Universidad Carlos III, 2013) que, tiempo después de que la película *Los placeres ocultos* (1977) fuera censurada y prohibida, acabó proyectándose en los cines Postas, cerca de la plaza Mayor de Madrid. Allí la película fue estrenada, según relata, con la luz encendida para que «los maricones no se metieran mano», en una clara referencia a lo que solía ocurrir entre aquellas butacas. Tiempo después, este cine se convirtió en una sala de cine para adultos y, años más tarde, en una tienda de souvenirs para turistas. Y es que si hay algo que supere el poder del porno, es el de la gentrificación.

Aunque podríamos seguir hablando por tiempo indefinido de estos templos del placer improvisados, el capítulo que nos ocupa ahora no tiene, por el momento, la intención de convertirse en una guía Spartacus del pasado, sino más bien de poner el foco en los creadores. Es decir, en aquellas manos ejecutoras que se atrevieron a desafiar y a transgredir las normas cisheteropatriarcales del lenguaje audiovisual y de esta manera conseguir poner a disposición de cualquiera que quisiera acercarse a ellas un abanico de historias y personajes disidentes. Gracias a ese puñado de nombres propios, se consiguió abrir el camino hacia la representación de la diversidad en la ficción audiovisual, algo que no fue, ni mucho menos, fácil.

Como ya viene siendo habitual, en este capítulo se quedarán fuera muchos nombres imprescindibles en el mundo del cine *queer*. Quizá la ausencia más llamativa sea la de Pedro Almodóvar, nuestro realizador más internacional, quien siempre se ha preocupado de contar historias repletas de todo tipo de diversidades. Sin embargo, han sido tantos los estudios sobre su figura y tanto se ha dicho ya de él que se ha optado por no incluirlo en esta selección. Junto a él dejaremos fuera también a Ventura Pons, una pieza clave del cine catalán de la segunda mitad de siglo XX. Él, por hacer un breve resumen de su biografía, ha sido responsable de un gran número de obras de temática disidente, así como el director del documental sobre José Pérez Ocaña, una figura indispensable de la otra transición española.

Tampoco incluiremos, aunque no podemos dejar de mencionarlos, a directores que revolucionaron el cine español de los años noventa. Félix Sabroso y Dunia Ayaso, por ejemplo, estrenaron en el año 1997 *Perdona bonita, pero Lucas me quería a mí*, una comedia sobre tres compañeros de piso homosexuales que tienen que enfrentarse al asesinato de un cuarto compañero, el bello Lucas. La película, aunque exitosa en taquilla, fue atacada desde diferentes ámbitos, además de menospreciada por la crítica y el circuito cinematográfico profesional. Por suerte, ellos siguieron trabajando juntos muchos años más, hasta la muerte de Dunia en el año 2014, momento en que Félix tuvo que iniciar su carrera en solitario. La película, por su parte, se ha sobrepuesto a las zancadillas de la industria y ha terminado por convertirse en una pieza clave del cine gay español, algo que es digno de celebrar.

También otros directores de los noventa, Alfonso Albacete y David Menkes, fueron el tándem perfecto que dieron a luz historias en las que la representación de la diversidad estaba presente. Bien de forma directa, como es el caso de *Sobreviviré* (1999) o *I love you, baby* (2001), o bien de forma algo más indirecta con títulos como *Más que amor frenesí* (1996) —codirigida con Miguel Bardem— o *Mentiras y gordas* (2009). Los noventa, sin duda, fueron una época muy fructífera que nos dejó un buen puñado de títulos para la posteridad.

Así pues, como señalábamos al comienzo de esta introducción, el séptimo arte siempre ha sido un aliado de nuestras identidades. Nos ha permitido soñar con un mundo mejor y ahora, con la diversidad en el audiovisual en auge, hemos conseguido llevar nuestras realidades a un público generalista y a unos lugares que hubieran resultado imposibles de imaginar hace tan solo unos pocos años. Luchemos, por tanto, para que la representación cinematográfica siga siendo inclusiva y respetuosa, así como para que nuestra dimensión ficcional ocupe cada vez más espacio en el catálogo audiovisual, tanto nacional como internacional. Desde luego, estas identidades no merecen menos, ya que desde la invención del cinematógrafo no han tenido más remedio que conformarse con ser meros figurantes de sus propias representaciones. Así que ya va siendo hora de que eso, por fin, cambie para siempre.

JEAN COCTEAU
(Maisons-Laffitte, 1889 - Milly-la-Forêt, 1963)

> Hasta donde llegan mis recuerdos e incluso a la edad en que la mente todavía no tiene influencia sobre los sentidos, encuentro huellas de mi amor por los muchachos.
>
> *El libro blanco* (1928)

En 1923, Jean Cocteau juró y perjuró que nunca más iba a volver a escribir. En ese año había caído en una profunda depresión debido a la inesperada muerte de su primer gran amor, el también escritor Raymond Radiguet. Ambos hombres se habían conocido en el año 1918 y, tras haber ayudado Cocteau a su amante a publicar sus primeros poemas, acaban fundando juntos la revista vanguardista *Le Coq*. «Es el alumno que se convirtió en mi maestro», llegó a decir Cocteau de su pareja, del que estaba profundamente enamorado. El joven, que había cosechado una meteórica carrera literaria que le llevó a ser conocido como el nuevo Rimbaud, murió por culpa de una fiebre tifoidea con tan solo veinte años, dejando completamente desolado al genio francés. Por suerte, este prolífico escritor, director, dramaturgo e ilustrador no cumplió su palabra de no volver a escribir tras la muerte de su amor, aunque acabó cayendo en las drogas. Más concretamente, en el consumo de opio, una adicción que no consiguió abandonar nunca, por más intentos de desintoxicación que tuvo a lo largo de su vida.

En 1925, otro joven, en este caso de diecinueve años, entra en su vida. Jean Desbordes había quedado fascinado por *La gran separación* (1923) y decide escribir una carta a su autor. Tras un año de ardiente correspondencia, el muchacho acaba convirtiéndose en secretario de Cocteau, además de en su pareja. Comienzan así una fructífera relación artística, en la que el prometedor escritor, sustituto inconsciente de Radiguet, publica su primera obra, *J'adore* (1928), mientras que Cocteau lo convierte en su muso, ya que le dedica varios poemas, una serie de dibujos y le da un papel en su mediometraje *La sangre de un poeta* (1932). Además, en esta época, y animado por Desbordes, se decide a escribir *El libro blanco* (1928), una obra con tintes autobiográficos que trata la homosexualidad de forma abierta y de la que en un primer momento renegó para no molestar a su madre. No obstante, en ediciones posteriores sí reconoció la autoría e incluso llegó a incluir unos dibujos realizados por él mismo. Algo parecido a lo que ocurrió cuando creó las ilustraciones eróticas para *Querelle de Brest*, la novela de Jean Genet, que no llegaron a ser firmadas hasta la segunda edición.

Tras siete años de relación, las vidas de ambos amantes se separan. Desbordes se casa tiempo después con una mujer mientras que su carrera artística, ya sin la ayuda del escritor, no termina de despegar. Cuando estalla la Segunda Guerra Mundial se une a la Resistencia para luchar contra la ocupación nazi y el 5 de julio de 1944, el mismo día que Cocteau cumple cincuenta y cinco años, es capturado por la Gestapo. Tras varias horas de torturas en las que se niega a dar información acerca de sus compañeros, acaba siendo asesinado a manos del bando fascista.

Antes de que llegara la que sería la relación más importante de su vida —o al menos la más larga— Cocteau tuvo algún idilio más, entre el que destaca el que mantuvo con una mujer. Natalia Paley era hija de Pablo Románov, hermano del zar Alejandro III. Años atrás, ella ya había tenido una relación sentimental con otro hombre al que también le gustaban los hombres, el diseñador Lucien Lelong, propietario de una casa de modas que le ayudó a aumentar su reputación y contactos en la Francia de los años veinte. De Cocteau quedó embarazada en el año 1933, pero abortó a los pocos meses debido a, supuestamente, el consumo de opio, costumbre a la que el director la había iniciado tiempo atrás. No obstante, Cocteau siempre mantuvo que fue por culpa de una fuerte discusión con Marie-Laure de Noailles, amiga suya de la infancia y descendiente del marqués de Sade que se había sentido profundamente celosa de la relación que el director mantenía con la Románov.

En ese mismo año Cocteau conoce a Marcel Khill, quien enseguida se convierte en su secretario personal a la par que amante, al igual que ocurrió con Desbordes. Le da un papel en la obra *La máquina infernal* (1934) y se lo lleva como compañero de aventuras cuando en 1936 decide dar la vuelta al mundo en ochenta días en homenaje a la obra de Verne. Este periplo quedará plasmado en el libro *Vuelta al mundo en 80 días (Mi primer viaje)*, publicado en 1937. La cosa, no obstante, no da más de sí y la relación apenas se mantiene un tiempo más. Marcel, por su parte, morirá en 1940 en Sedán en una de las batallas de la Segunda Guerra Mundial.

Y llegamos a 1937, año en el que Cocteau se encuentra con un nuevo Jean, en este caso de apellido Marais, al que conoce cuando es elegido para un papel mudo en su montaje de *Edipo Rey*. La gran belleza de este joven actor le subyuga y al año siguiente escribe para él la pieza *Los padres terribles* —obra que una década más tarde Cocteau lleva a la gran pantalla con un Marais algo más maduro como protagonista—. En 1945 escribe el guion *La bella y la bestia* para el lucimiento de su pareja, mayormente. La película fue todo un éxito, lo que le llevó a repetir fórmula en la obra de teatro *El águila de dos cabezas* (1946), y en las películas *Orfeo* (1950) y *El testamento de Orfeo* (1959), última colaboración profesional entre ambos. El actor, aunque se labró una prolífica carrera con diferentes directores y en varios países, siempre fue acusado por la prensa de deberle su éxito a la protección de Cocteau. El intérprete, en cambio, nunca ocultó su agradecimiento al que fue su pareja y mentor: «Nací dos veces, el 11 de diciembre de 1913 y aquel día de 1937 en que conocí a Jean Cocteau», llegó a decir.

El noviazgo, sin embargo, fue un tanto irregular debido a la diferencia de edad. Mientras que Cocteau disfrutaba de su madurez, rozando la cincuentena, y saboreaba las mieles del éxito, Marais estaba más interesado en vivir la alocada vida de un joven y bello treintañero. Por tanto, no llegaron a tener una relación especialmente estable, con constantes idas y venidas en las que iban apareciendo otras parejas. En 1942, por ejemplo, a Marais se le atribuye un idilio con Mila Parély, actriz que también aparece en *La bella y la bestia* y a la que había conocido en un rodaje previo. De la misma forma, Cocteau y Marais compartieron casa y lecho durante varios años con Paul Morihien, un extra que el joven actor había conocido en una producción a principios de los años cuarenta. Esta fue una relación a tres bandas de la que, al parecer, Cocteau se encontraba algo más alejado en lo sentimental, pero bastante cercano en lo profesional. Y es que Morihien acabó convirtiéndose en secretario del artista y también en su editor, siendo responsable de publicar varias de sus obras, entre las que se encuentra una nueva edición de *El libro blanco*.

En el ocaso de su vida, Cocteau tuvo un último compañero. Édouard Dermit era un pintor de veintidós años al que el artista contrató como jardinero en 1947 y que no tardó en tomar como discípulo artístico. Enseguida el joven comenzó a participar en sus películas, ya que, aunque no está acreditado, hizo una aparición en la versión cinematográfica de *El águila de dos cabezas*, rodada al año siguiente de conocerlo. Más tarde tuvo también un papel en *Orfeo* y en *El testamento de Orfeo*. Tiempo después, Dermit fue adoptado por Cocteau para poder ser nombrado heredero universal. Algo parecido a lo que hizo Tórtola Valencia con Ángeles, ya que esta era la única vía legal de las parejas homosexuales para dejar a salvo su legado. Dermit también fue el responsable de terminar la capilla de Notre-Dame-de-Jérusalem en 1965, ya que Cocteau la había dejado a medias al morir dos años antes.

Independientemente de esta nueva pareja, la relación entre Marais y Jean Cocteau se mantendría latente hasta el momento de la muerte del segundo. Es más, cuando el 10 de junio de 1954 el director sufre un infarto, Marais no duda en coger el primer avión desde Hollywood, lugar en el que se encontraba, para estar cerca de él. Una vez en Francia, intenta convencerlo para que se vaya a vivir a su casa, algo a lo que Cocteau se niega en redondo. Finalmente, el artista acaba recuperándose.

En 1961, dos años antes de morir, Cocteau escribe sus memorias, tituladas *El cordón umbilical*. Y lo hace desde Marbella, ciudad en la que vive durante cinco meses aconsejado por su buen amigo Pablo Picasso: «Escribo estas notas en Marbella, en la costa andaluza. En España lo excepcional es algo común. El pueblo es un gran poeta que se ignora [...]», arranca la obra. Este no será su único vínculo con España, ya que sentía verdadera fascinación por nuestro país desde hacía años. Intercambió correspondencia con Luis Buñuel, realizó varios dibujos de sus amistades españolas, entre el que destaca el *Dibujo dedicado a Manolo Caracol* (1961), o escribe *Carta de adiós a Federico*, en la que habla de la muerte de Lorca: «Canta. Por la boca de tu herida. Por la boca entreabierta de tu herida. Por la boca de tu herida abierta de par en par [...]».

En la primavera de 1963, Cocteau sufre un segundo infarto y en esta ocasión no tiene más remedio que irse a vivir con Marais, puesto que el médico que le atendió no quiso que se trasladara a su casa, bastante más alejada y, por tanto, con más dificultades para llegar al hospital si ocurría cualquier cosa. En la casa de Marais permanece hasta el 5 de julio de 1963, día de su setenta y cuatro cumpleaños, cuando vuelve a su casa de Milly-la-Forêt, en el sudeste de París. Tres meses después sufre un tercer infarto que, esta vez sí, resulta mortal. Al parecer, su debilitado corazón no pudo resistir la noticia de la muerte de su gran y admirada amiga Édith Piaf, quien se había marchado justo un día antes.

Jean Cocteau tuvo una prolífica carrera, con un amplio reconocimiento en el campo de la pintura, la dirección, la escritura y la dramaturgia. Entre sus grandes obras se encuentra *La voz humana* (1930), una de las piezas más representadas de Francia, y una de las obsesiones de Pedro Almodóvar, entre otros artistas. Algunas de sus piezas de teatro fueron llevadas al cine por él mismo, y muchas de ellas protagonizadas por su gran amor, Jean Marais. Tuvo una intensa vida social, codeándose con la élite intelectual de medio mundo. Picasso, Modigliani, Coco Chanel o Jean Genet son tan solo algunos nombres del amplio abanico de amistades que cosechó a lo largo de su trayectoria tanto artística como personal. Fue un gran precursor del cine surrealista y fantástico, quizá el motivo principal por el que se incluye en este capítulo de entre todas las disciplinas que trabajó, y vivió una libertad sexual que le permitió tener varias parejas sentimentales, tanto de un género como de otro. Para algunos, un artista excéntrico; para otros, un genio inmortal. En cualquier caso, lo que sí está claro es que la figura de este artista, que llegó a ser nombrado miembro de la Academia Francesa en 1955, es imprescindible a la hora de entender la cultura y las vanguardias europeas del siglo XX.

PIER PAOLO PASOLINI
(Bolonia, 1922 - Lacio, 1975)

Que me gusta embarrarme porque el barro
es materia pobre y por lo tanto pura;
que adoro la luz solo si no ofrece esperanza.

Poema «Análisis tardío»
(finales de los sesenta)

El día 2 de noviembre de 1975 un cuerpo completamente destrozado aparece en un descampado de Ostia, a las afueras de Roma. Antes de ser asesinado, el hombre ha recibido una brutal paliza, enseñándose sus verdugos de forma especial en los testículos, que han sido destrozados. Después, lo han atropellado varias veces con su propio coche, lo que acaba convirtiendo el cuerpo en un amasijo irreconocible de carne sanguinolenta —«No es que saliera simplemente sangre, hubo auténticos chorros», rezaba el informe de la autopsia—. Tal es el estado en el que lo dejan, que la mujer que lo encuentra al día siguiente no cree en un primer momento que se trate de un ser humano, sino de una montaña de basura. Más tarde, una vez reconocido el origen biólogo y tras la intervención de la policía, llegarían a la conclusión de que ante ellos se encontraban los restos de Pier Paolo Pasolini, una de las figuras más importantes de la cultura europea del siglo XX.

Días antes de su asesinato, a este director, escritor, poeta, ensayista y un sinfín de títulos más —aunque él en su última entrevista se definió como «simplemente escritor»— le habían robado parte del metraje de su última película, *Salò o los 120 días en Sodoma*. Al parecer, este había sido el principal motivo por el que Pasolini había acudido a Ostia en mitad de la noche, ya que los ladrones, por no llamarlos extorsionadores, le habían prometido devolverle el material en este lugar. No obstante, esta es tan solo una de tantas versiones, quizá la más reciente de ellas, acerca de los motivos de este brutal asesinato.

Si nos atenemos a datos oficiales, el único condenado por este homicidio fue el joven chapero Pino Pelosi, de tan solo diecisiete años. Él se encontraba aquella noche con el poeta y en el juicio, que se celebró tiempo más tarde, se autoinculpó de forma clara. Sin embargo, siempre ha costado creer que un enclenque joven pudiera acabar con la vida de un robusto Pier Paolo, deportista empedernido y experto en artes marciales. En su declaración, Pino cuenta que lo hizo en defensa propia, ya que se negó a mantener sexo con Pasolini, que lo quería sodomizar con un palo, y esta actitud enfureció al escritor. Él intentó huir, pero entre la oscuridad y los nervios, lo atropelló sin querer.

El joven fue condenado a poco más de nueve años de prisión, de los que solo cumplió siete. ¿Los delitos? Homicidio voluntario, robo de vehículo y actos obscenos en un lugar público. Treinta años después, y poco antes de morir de un cáncer fulminante, el ya no tan joven Pelosi contaría en la televisión italiana una versión muy distinta. Por lo visto, tuvieron sexo oral y, tras salir él del coche para orinar, aparecieron tres desconocidos que le dieron la paliza a Pasolini al grito de «sucio comunista». Este relato, que todavía presenta varias lagunas, parece que se acerca algo más a lo que podría haber ocurrido.

Una tercera teoría, aún más oscura y en consonancia con el supuesto grito que profirieron los verdugos de Pasolini, atribuye la autoría del asesinato a grupos fascistas que quisieron castigar al artista por su reconocida homosexualidad y su militancia comunista. Además, esta pretendida mano negra también quería evitar que *Salò* viera la luz, una historia que no era otra cosa que una alegoría del fascismo y que se basaba en una obra del marqués de Sade. La película fue estrenada de forma póstuma, por lo que dicha censura nunca llegó, aunque sí acabaría siendo prohibida en multitud de países —en España, de hecho, no se estrenó hasta 1980—. Además, fue condenada por la Iglesia y por una ingente cantidad de críticos que, por lo visto, no estaban preparados para ver las fuertes imágenes que ante sus ojos aparecieron.

Como vemos, hay multitud de teorías, sin llegar todavía a conocerse cuál de todas es la verdadera. Incluso hay una truculenta versión adicional, sostenida por un amigo íntimo del escritor, que afirmaba que el propio poeta organizó su muerte, ya que pretendía convertirse en una especie de Jesucristo moderno. La realidad es que tanto tiempo después, pronunciar el nombre de Pasolini supone todavía levantar una gran cantidad de ampollas, tanto dentro como fuera de Italia.

En el momento de su brutal asesinato, Pier Paolo Pasolini ya se encontraba plenamente consolidado como el gran intelectual de izquierdas de renombre internacional. No obstante, el camino hasta el éxito no le resultó nada fácil, sobre todo en sus inicios, cuando la provocación y el escándalo —características que le acompañarían toda su vida— se cebaron con él.

Uno de sus mayores traspiés fue el que provocó su expulsión del partido comunista. En 1947, el escritor había ingresado en el Partido Comunista Italiano, generando un gran trauma familiar, ya que su hermano Guido había sido asesinado durante la Segunda Guerra Mundial por un grupo afín a esta ideología. La expulsión del partido, en cambio, vino motivada por la «indignidad moral» de Pier Paolo, tal y como definieron los mandatarios, puesto que tuvo que enfrentarse a un juicio por corrupción de menores. Y es que mientras ejercía como maestro rural en su Friuli natal, fue acusado de pagar a unos jóvenes a cambio de sexo. Antes de que ni siquiera se celebrara el juicio, el partido lo expulsó porque consideraba la homosexualidad una «degeneración burguesa», orientación que él ya había reconocido de forma abierta.

Tras perder el puesto de profesor, en el año 1950 escapa junto a su madre a Roma, donde pasa una temporada complicada, tanto a nivel económico como personal. Tras recuperarse, escribe un buen puñado de libros y dirige multitud de películas que quedarán para siempre en el imaginario colectivo de una Europa que comenzaba a reconstruirse después de dos grandes guerras. *El evangelio según San Mateo* (1964), *Teorema* (1968), *Medea* (1969), *El Decamerón* (1970) o *Los cuentos de Canterbury* (1970) son tan solo algunas películas de su extensa filmografía, que se unen a novelas como *Chavales del arroyo* (1955) o *Las cenizas de Gramsci* (1957). Esta última fue, de hecho, la que le metió de lleno en el mundo intelectual gracias al éxito que alcanzó.

En cuanto a su vida personal, Pasolini siempre ha sido cuestionado por su gusto por los chicos jóvenes. De hecho, su gran amor fue Ninetto Davoli, un joven que apareció en varias de sus películas y que lo dejó destrozado cuando se rompió la extraña relación que mantenían. La separación se materializaría en la manifestación del 1 de mayo de 1971 cuando, tras varios años de intermitente relación, Pasolini se encuentra a Ninetto cogido de la mano de una mujer. Después de un puñado de excusas poco creíbles, finalmente el joven le confiesa que la chica se llama Patricia y que se va a casar con ella. Esto sume al poeta en una terrible depresión, de la que le cuesta muchísimo tiempo salir: «Ninetto está "finito". Después de casi nueve años, Ninetto no está conmigo. La vida para mí ya no tiene sentido», le escribió a su amigo, el también escritor Paolo Volponi, en una carta fechada en agosto de 1971.

Pero quizá una de sus relaciones más inquietantes fue la que mantuvo con la cantante Maria Callas. A ella la conoció cuando, a propuesta del productor Franco Rossellini —sobrino del famoso director italiano de mismo apellido—, rodaron juntos en Turquía la película *Medea*. Esta fue la primera y única incursión de Callas en el cine y, al parecer, la conexión entre actriz y director fue prácticamente inmediata: «Maria es magnífica. Es la actriz más dócil que he tenido. Se adaptó desde el primer momento al estilo intimista del cine. Con un movimiento de ojos expresa aquello que expresaba con grandes gestos en la ópera», llegó a decir a la prensa el realizador. En la fiesta de fin de rodaje de la película, Pasolini le regaló un anillo a Callas, justo antes de besarla en la boca, acción que desató todo tipo de rumores. Quizá esta relación se convirtió en un espacio seguro para dos corazones destrozados: Callas acababa de romper con Aristóteles Onassis, que ya estaba con Jacqueline Kennedy, y a Pasolini le quedaba poco para enfrentarse a la ausencia de Davoli. ¿El problema de esta relación? La dimensión física. Ellos nunca pudieron culminar su amor, más platónico que real —al menos en apariencia—, puesto que la homosexualidad de Pasolini les imposibilitaba contemplar una «noche de amor» en toda regla. Esto no impidió que establecieran una vida casi de pareja, viajando juntos y compartiendo una gran cantidad de momentos íntimos, cartas y telegramas que cimentaron una relación que duró hasta 1972. A partir de entonces no hay referencias ni pistas acerca de lo que ocurrió entre ambos artistas. El silencio fue absoluto. Ni siquiera Maria Callas se pronunció de forma pública cuando Pasolini fue asesinado. Ella, por su parte, moriría dos años después. Tenía la misma edad que su amigo-amor.

El asesinato del director italiano puso fin a la trayectoria de un hombre que nunca ocultó su orientación sexual, ni siquiera en los años del apogeo del fascismo. Incluso llegó a arremeter contra la violencia del lenguaje utilizado en los medios de comunicación italianos de izquierda cuando trataron la homosexualidad en relación con un caso sobre prostitución masculina a principios de los sesenta. Esta carta abierta, no obstante, nunca se llegó a publicar y permaneció inédita hasta el año 1999, aunque en ella quedaba patente su intención de ponerle la cara colorada a sus compañeros ideológicos: «Ante el asunto Feile [apellido del dueño de un burdel para homosexuales en el que estalló el caso], fascistas, democristianos y comunistas usan —públicamente— el mismo lenguaje, los mismos términos, el mismo vocabulario, las mismas interjecciones, las mismas cláusulas de oratoria... Esto significa que los sentimientos de fascistas, democratacristianos y comunistas ante un hecho como este son los mismos, tienen la misma reacción», escribió en el año 1961.

Pier Paolo Pasolini fue, sin duda alguna, una figura incómoda y contradictoria con muchos frentes abiertos y demasiados enemigos en el horizonte. Todo ello en mitad de una Italia que estaba muy ocupada en luchar contra el radicalismo. Esta delicada situación se ve incluso reflejada en las últimas horas de vida de Pasolini. Y es que el escritor italiano concedió su última entrevista el 1 de noviembre de 1975, horas antes de ser asesinado. En ella habla, entre otras muchas cuestiones, de los riesgos que corría por no cortarse a la hora de exponer sus ideas: «No quisiera hablar más de mí, quizá he hablado incluso demasiado. Todos saben que mis experiencias las pago personalmente. Pero están también mis libros y mis películas. Quizá soy yo quien se equivoca. Pero sigo diciendo que estamos todos en peligro». A la pregunta del entrevistador sobre de qué manera piensa evitar el riesgo y el peligro, él contesta: «[...] Tengo una cosa en mente para responder a tu pregunta. Me resulta más fácil escribir que hablar. Te dejo las notas que añada mañana por la mañana». Pero esas notas nunca llegaron porque su cuerpo, como ya sabemos, apareció destrozado en un descampado al día siguiente, un día después de Todos los Santos.

ELOY DE LA IGLESIA
(Zarauz, 1944 - Madrid, 2006)

> Todos tenemos derecho a ser como somos y nadie, absolutamente nadie, tiene derecho a hacerte cambiar.
>
> Diálogo de la película
> *Los placeres ocultos* (1977)

«Mi adicción a la droga ha sido muy pequeña comparada con mi adicción al cine, pero, curiosamente, ha sido salvajemente destructiva con mi posibilidad de ejercer». El día 5 de mayo de 1996 el periódico *El País* publicaba una entrevista al director Eloy de la Iglesia en el que hacía esta demoledora declaración después de haber pasado una larga temporada de silencio provocada por su adicción a la heroína. Sin embargo, y tras su clara predisposición a volver a la dirección, todavía quedarían unos cuantos años más para que este realizador se volviera a poner detrás de una cámara. Concretamente, lo haría gracias a la dirección de una versión de *Calígula* para Televisión Española en el año 2001 y, poco más tarde, a la que sería su última película.

El año de esta entrevista, no obstante, sería en el que se le comenzaría a rescatar del ostracismo en el que estaba sumido, gracias a una retrospectiva que organizó el Festival de San Sebastián, a propuesta del periodista y director del festival en ese momento, Diego Galán. También, aprovechando este homenaje desde su tierra natal, la Filmoteca vasca le dedicó el volumen colectivo *Conocer a Eloy de la Iglesia*, en el que se repasaba su trayectoria artística y se le ensalzaba como la figura indispensable del cine español que realmente era.

De la Iglesia fue un director polifacético que tocó muchos palos: dirigió cine de terror, realizó películas consideradas pioneras de la representación en la disidencia sexogenérica, además de cercanas al activismo, y se convirtió en uno de los máximos exponentes de un género de corta vida, pero de larga sombra: el cine quinqui. Es difícil determinar qué aspecto de su carrera podríamos considerar más arriesgado, ya que la propia naturaleza de sus obras se confrontaba de forma directa con la del sector audiovisual patrio de aquella época, que no era otra cosa que heteropatriarcal, clasista y, después de la Transición, entregado a una pretendida intelectualidad que dejó al cine popular fuera de cualquier circuito institucional.

Sin embargo, esto no asustaría a Eloy, ya que venía de confrontar al orden establecido desde la dictadura y, por ende, de tener sonados enfrentamientos con la censura franquista. Uno de los más importantes fue el mantenido por *La semana del asesino* (1972). Esta película sufrió, según contaba el propio director, sesenta y cuatro cortes de censura. El guion cuenta la relación homoerótica entre los dos protagonistas, un joven Eusebio Poncela y un veterano aunque olvidado Vicente Parra. Como es lógico, esta relación homosexual no se presenta de forma evidente, aunque años después hayan salido a la luz imágenes en las que los dos protagonistas aparecen en una tórrida escena de amor, con besos incluidos, en la famosa secuencia de la piscina. La película, además de lo anterior, también tenía un claro tinte ideológico de izquierdas, por lo que las escenas de terror, esas en las que el personaje de Vicente Parra mataba indiscriminadamente a todo el que se cruzara en su camino, se quedaban en meras anécdotas, al menos para la censura de la época.

El año siguiente Eloy estrena *Nadie oyó gritar* (1973) y, una vez más, la censura lo confronta. Se cuenta que, como le exigieron un final distinto al planteado puesto que no lo consideran lo suficientemente ejemplarizante para los estándares de la época, Eloy de la Iglesia aprovechó para esbozar un final con tintes lésbicos entre Carmen Sevilla y María Asquerino. Algo que, curiosamente, pasó inadvertido para este órgano y sus secuaces.

Con la llegada de la Transición, De la Iglesia ve la oportunidad de poder contar historias sobre homosexualidad de una forma más abierta. *Los placeres ocultos* (1977) fue la primera de ellas, una película que presenta la historia de amor —u obsesión, más bien— de un hombre de clase alta, interpretado por Simón Andreu, y de un joven de barrio con importantes problemas económicos. En ella nuestro director desarrolla los conflictos de clase e ideológicos que dividían España en aquel momento y, al mismo tiempo, aprovecha para comenzar a reivindicar la «normalización» de las personas homosexuales, colando incluso algún que otro discurso del incipiente movimiento de liberación homosexual español. Como ya se ha apuntado en la introducción del capítulo, esta cinta fue la última que sufrió la censura franquista y tuvo grandes problemas para ser estrenada en salas comerciales puesto que, en la práctica, acabó secuestrada.

Su siguiente película fue *El diputado* (1978), que seguía la misma estela que la anterior. En ella se cuenta la historia de Roberto Orbea, un político homosexual de izquierdas que entra en el Congreso tras las primeras elecciones democráticas en nuestro país. El protagonista, interpretado por el actor José Sacristán, se obsesiona con Juanito, un jovencito con el que acaba teniendo una relación sentimental. En esta película podemos encontrarnos con uno de los primeros besos, si no el primero, entre dos hombres en el cine español.

Sin embargo, si por algo es conocido el director Eloy de la Iglesia es por sus películas de cine quinqui, un género que cultivó durante gran parte de su carrera al igual que hicieron otros directores como José Antonio de la Loma o incluso un Carlos Saura ya consagrado, que se regodeó en este género con *Deprisa, deprisa* (1981).

De la Iglesia, por su parte, comienza a trabajar en él con *Navajeros* (1980), y sigue cultivándolo en *Colegas* (1982), *El pico* (1983), *El pico 2* (1984) y *La estanquera de Vallecas* (1987). Estas películas de corte callejero tienen dos cosas en común. Por un lado, son el fiel reflejo de una parte de la sociedad a la que ni las instituciones ni el Gobierno querían prestar atención. Obsesionados con proyectar una imagen de modernidad y renovación democrática, se olvidaron de los más desfavorecidos, aquellos que caían presa de las drogas, del hambre o de la insoportable tasa de paro que asolaba nuestro país.

Meter bajo la alfombra estas problemáticas parecía ser, por lo visto, la decisión más acertada del Gobierno de Felipe González, pretendidamente de izquierdas. El segundo elemento en común de estas películas es la presencia de actores no profesionales que se mezclaban con otros profesionales, algo parecido a lo que hizo el neorrealismo italiano, pero con tintes algo más lumpen. Entre estos incipientes actores improvisados, nos encontrarnos con una figura especialmente relevante tanto para el cine quinqui como para la vida de Eloy. Durante unos cuantos años, José Luis Manzano fue el gran protagonista de estas películas y muso absoluto del vasco, tanto en lo profesional como en lo personal.

La versión no oficial cuenta que De la Iglesia conoce a esta joven promesa en la puerta de los billares Victoria, lugar de encuentro habitual entre hombres mayores y muchachos que ejercían la prostitución. Este local se encontraba cerca de los ya mencionados cines Carretas, famoso lugar, como ya hemos visto, de cancaneo homosexual. Enseguida el director guipuzcoano intuye el potencial de esta futura estrella cinematográfica de pelo rizado, y al año siguiente ya está protagonizando *Colegas*. Así pues, el joven Manzano pasa, en apenas unos meses, de estar prácticamente en la calle a desplegar su insultante lozanía frente a los focos de los sets de rodaje. Y no solo eso, sino que su vida también cambia por completo. Eloy se lo lleva a vivir a su casa, le proporciona una educación, lo viste con ropas caras y lo pasea por todos los eventos de alta alcurnia de la capital. Sin embargo, el muchacho no tiene la posibilidad de brillar en la profesión. Al menos fuera del control de Eloy. Y es que el realizador guipuzcoano era bastante celoso y posesivo con su actor fetiche, por lo que apenas le dejó trabajar en otros proyectos cinematográficos. Fuera de la filmografía de De la Iglesia, tan solo apareció en *Barcelona Sur*, película de Jordi Cadena del año 1981, y en la adaptación televisiva de la novela *Los pazos de Ulloa*, dirigida por Gonzalo Suárez en 1985.

Quizá por esta relación intergeneracional, además de por su obsesión con lo lumpen y la utilización de actores no profesionales en sus obras, Eloy de la Iglesia siempre ha sido comparado con Pasolini, llegando a ser denominado el Pasolini español o el Pasolini de Vallecas. Tan solo hay que pararse un momento para encontrar el parecido razonable entre la relación de De la Iglesia con Manzano y la de Pasolini y Davoli. Además de todo esto, ambos intelectuales también eran de ideología comunista, siendo el español un férreo militante del PCE. Un elemento más que los unía a través del espacio y del tiempo.

Tras *La estanquera de Vallecas*, el último gran éxito de Eloy, tanto director como actor caen en el ostracismo más absoluto. Manzano intenta reinventarse y estudia producción audiovisual, llegando a hacer prácticas en una productora, aunque sin mayor trascendencia profesional. Poco más tarde, un no demasiado claro intento de robo en el centro de Madrid lo manda a la cárcel de Carabanchel en el verano de 1991. Tras pasar unos meses entre rejas y realizar un programa de desintoxicación, José Luis vuelve a la calle el día 31 de enero de 1992. Veinte días más tarde, el vallecano de tan solo veintinueve años aparece muerto en el piso que ocupaba Eloy de la Iglesia en aquellos momentos, cerca de la estación de Atocha. En su cuerpo hay señales de violencia y en la sangre, rastros de heroína. Eloy, una vez que se notifica la muerte de su muso, huye de la policía y llega a estar en busca y captura. Dos días después, José Luis Manzano es enterrado en el Cementerio Sur de Madrid y, una década más tarde, sus restos arrojados a una fosa común por impago de la sepultura.

Eloy, por su parte, tuvo que cargar con el estigma de la drogadicción, además de ser acusado de corruptor de menores, dos circunstancias que lo alejaron del mundo cinematográfico, que encima no estaba viviendo su mejor momento como industria. Reaparecerá en la segunda mitad de los años noventa, gracias al homenaje organizado por el ya mencionado Festival de San Sebastián. En 2001, dirige para Televisión Española una versión especialmente marica de *Calígula*, protagonizada por Fernando Guillén Cuervo. Dos años después estrena *Los novios búlgaros* (2003), una adaptación de la novela homónima de Eduardo Mendicutti que pasa sin pena ni gloria. El propio escritor, amigo personal del director, se desvinculó de la versión cinematográfica, aunque llegara incluso a participar en el guion. La trama, no obstante, sigue la estela de la filmografía de Eloy: un maduro hombre pudiente se enamora de Kyril, un joven y atractivo búlgaro que ha llegado a España con la intención de ganarse la vida. De esta forma, De la Iglesia traslada el principal conflicto del cine quinqui —el de un puñado de jóvenes sin recursos ni futuro— a un contexto actualizado, el de la inmigración de ciudadanos de países del Este. La coherencia, desde luego, se encuentra presente a lo largo de toda su filmografía.

El 23 de marzo de 2006 Eloy de la Iglesia fue intervenido de un tumor maligno, operación de la que no sale con vida. Tenía sesenta y dos años y su repentina marcha interrumpió de forma abrupta el intento por levantar cabeza y por recuperar la reputación que había perdido en el mundo artístico.

Mucho tiempo después, y tras pasar una temporada prácticamente olvidado por los estudios culturales y cinematográficos, se comenzó a recuperar su figura y a ser reivindicado como el gran cronista audiovisual de aquellos momentos. Él hizo un cine urgente, casi enfermizo, y eso, quizá, no llegó a ser entendido en su época. Pero ahora, con la calma que da la perspectiva, podemos afirmar que nos encontramos ante uno de los realizadores españoles más importantes del siglo xx, pese a que su sombra, como la de otros muchos genios, se haya comido al artista por momentos.

RAINER WERNER FASSBINDER
(Bad Wörishofen, 1945 - Múnich, 1982)

> No se puede retratar bien a los homosexuales ni tampoco a los heterosexuales. Solo se pueden hacer las cosas mal. Además, no se trata de retratar la homosexualidad, sino al in dividuo y cómo forja su identidad.
>
> Declaración de Fassbinder en el documental *El mago de Babilonia* (1982)

Fassbinder era una persona insoportable. Era agresivo, reaccionaba con imprevisibles ataques de ira y generaba profundas relaciones de dependencia con su entorno. Al mismo tiempo era inseguro, melancólico y depresivo. Una mezcla explosiva que dio como resultado a una persona brillante en lo artístico, pero atormentada en lo personal.

Sin embargo, este prolífico director alemán también poseía un carisma especial que, al parecer, enamoraba a todo aquel que se le acercaba. Una situación un tanto inexplicable después del retrato psicológico que hemos esbozado, pero que se pone de manifiesto en el momento en que se hace recuento del gran número de amantes, tanto masculinos como femeninos, que tuvo a lo largo de su vida.

Uno de los primeros idilios en sus años de juventud fue el que mantuvo con el actor Christoph Roser, quien también le facilitaría el dinero necesario para producir sus dos primeros cortometrajes y, por tanto, para iniciar la que sería su prolífica y exitosa carrera en el cine. No obstante, el universo cinematográfico se le resistió en primera instancia y decidió entonces decantarse por el teatro: «Lo que puedo asegurar es que desde el principio quise hacer cine, pero no era fácil y empecé por aquello que lo era más: el teatro», llegó a decir.

En esos primeros años entró en su vida una de las personas que más lo quiso y, al mismo tiempo, que peor fue tratada, ya que era práctica habitual del director despreciar a las personas que mejor lo cuidaban. Irm Hermann fue pareja de Rainer en el año 1966, aunque el romance no duró demasiado tiempo. La relación, como es de suponer, fue tortuosa. Irm sufría constantes vejaciones y era humillada de forma recurrente tanto dentro como fuera del set de rodaje, ya que también era actriz en las producciones del artista. Esto llevó a que la joven intérprete, que había generado una fuerte relación de dependencia hacia Fassbinder, intentara suicidarse en varias ocasiones. En una de estas tentativas, el director la encontró inconsciente y, al pensar que estaba fingiendo, comenzó a golpearla hasta que se dio cuenta de la verdadera gravedad del asunto y la llevó al hospital. Una vez ingresada, llamaba cada hora para interesarse por su estado, quizá por un fuerte sentimiento de culpabilidad. La relación, con sus eternas idas y venidas, se dio por terminada de forma definitiva cuando Fassbinder le comunicó que iba a casarse con la también actriz Ingrid Caven el mismo día del enlace. La relación profesional, en cambio, duró hasta 1980, un par de años antes de la muerte del director. A lo largo del tiempo, Irm desarrolló otros roles aparte del de actriz, tales como productora, asistente de dirección e incluso agente del director en su primera etapa.

Aunque Fassbinder tuvo varias relaciones con mujeres, sobre todo en sus años de juventud, nunca dejaría de frecuentar la compañía masculina, incluso estando comprometido. De hecho, su noche de bodas la pasó con su padrino, Günther Kaufmann, un actor del que Fassbinder estaba profundamente enamorado, pero del que solo recibía las migajas de su amor, al estar el intérprete casado. Es más, se dice que la boda con Ingrid Caven no fue otra cosa que una venganza por la falta de atención que el actor le proveía, además de ser un intento por demostrarle que él también podía casarse con una mujer.

En cuanto a lo profesional, Rainer producía de forma compulsiva. Entre 1967 y 1976, en apenas nueve años, puso en pie más de treinta obras de teatro. En el ámbito cinematográfico su fiebre creadora hizo que llegara a producir más de cuarenta títulos en tan solo trece años. En 1970, por ejemplo, rodó siete películas, una tónica que se mantuvo en el tiempo, oscilando entre las cuatro y cinco películas por año. Su ansia creativa también le llevó a desarrollar diferentes roles. Fue director, actor, productor, director de fotografía e incluso montador de sus obras. En algunos casos, todo a la vez, como ocurrió en *Un año con trece lunas* (1978), película en la que se cuenta la historia de Elvira, una mujer trans que transiciona por amor y que, una vez abandonada, se siente encerrada en un cuerpo que no le corresponde.

Esta película es un sentido homenaje, o una catarsis emocional si se prefiere, a su expareja Armin Meier, una de las relaciones más importantes de su vida. Meier era un antiguo empleado de un matadero de Múnich al que Fassbinder conoció cuando el joven trabajaba como camarero en el Deutsche Eiche, un local gay cerca de la plaza Gärtnerplatz del que era asidua la flor y nata del universo fassbinderiano. Este chico había venido al mundo gracias a los experimentos de Heinrich Himmler, el jefe de las SS, puesto que formó parte del Action Lebensborn, un programa de reproducción selectiva que atendía a madres solteras y que pretendía expandir la raza aria por Europa. Su madre, no obstante, lo abandonó cuando tenía tan solo quince años y, a partir de entonces, tuvo que buscarse la vida como pudo pasando por diferentes trabajos. Cuando Fassbinder lo ve por primera vez en el bar, queda absolutamente prendado de él y, en cuanto se atreve a hablarle, lo convierte en actor de sus películas, práctica habitual que llevaba a cabo cuando se enamoraba de alguien. Durante los cuatro años que dura la relación, Meier se convierte en el amo de casa perfecto que lo acepta todo con incuestionable sumisión, algo que acabó por irritar al director, por mucho que al principio fuera lo que más le gustaba y él mismo lo alentara de forma activa.

A partir de 1977, la relación degenera en un cúmulo de riñas, peleas y agresiones constantes por ambas partes que ya convierten la convivencia en un infierno. En un intento desesperado por salvarla, en marzo del año siguiente hacen un viaje a Nueva York. Allí la situación no hace otra cosa que empeorar. Fassbinder conoce a un chico al que convierte en su amante y Meier, loco de celos, vuelve a Múnich. Una vez allí, el director le escribe una larga carta en la que le confirma la ruptura definitiva. Esto hunde por completo al actor, quien había convertido a Rainer en el centro de su vida.

Entregado a las drogas y a la bebida, el día 6 de junio de 1978 aparece muerto en el piso de Fassbinder después de haber ingerido cuatro botes de pastillas. El cuerpo es descubierto por la madre del director, que acude tras la llamada del portero del edificio informándole del terrible olor que emanaba de la vivienda. Fassbinder, incapaz de asumir la pérdida y con un fuerte sentimiento de culpa, ni siquiera acude al entierro, excusándose en que se habría derrumbado ante la tumba y que la gente pensaría que «el cerdo asesino volvía a poner en escena otra de sus malditas comedias», según explicó su amigo y colaborador Harry Baer.

Pero esta no sería, ni mucho menos, la única relación tortuosa de Fassbinder. Años antes, a finales de 1970, comenzó una aventura con El Hedi ben Salem, un argelino al que conoció en una sauna en París y que se llevó con él de vuelta a Alemania para convertirlo en su nuevo actor fetiche. El Hedi había dejado mujer y cinco hijos en Argelia y se había trasladado a Francia en busca de una vida mejor. El nuevo amante de Fassbinder, a pesar de ser cariñoso y solícito, tenía gran afición al whisky, lo que lo convertía en agresivo y en un celoso empedernido. Aunque, como solía ocurrirle, esta faceta tóxica al principio divertía a Fassbinder, en más de una ocasión se sintió en peligro. Y es que el posesivo amante incluso llegó a agredir y a amenazar a amigos y colaboradores del director en distintos ataques de celos, llegando a darse episodios más que desagradables.

Uno de los mayores deseos de Fassbinder era ser padre, proposición que le hizo a más de una de las mujeres con las que estuvo, pero que nunca llegó a materializarse. Tal vez por eso decidió traerse a Alemania a dos de los cinco hijos de Salem, de nueve y once años. Una vez en casa, pronto se arrepintió de haberse hecho cargo de los dos, ya que, al parecer, con uno le bastaba. Así pues, le entregó el pequeño a Hans Hirschmüller, el protagonista de *El mercader de las cuatro estaciones* (1972), aunque poco más tarde fue enviado a Túnez con una hermana de Salem. Tampoco le duró demasiado el entusiasmo con el otro hijo, ya que pronto lo recluyó en una habitación apartada y se le prohibió aparecer por la casa cuando Fassbinder estuviera en ella. Tras hacerse cargo del niño varios fines de semana, finalmente el actor y amigo de Rainer Kurt Raab se lo llevó a vivir con él de forma definitiva, volviéndose a quedar el director libre de cualquier carga infantil.

Después de tres años de relación con El Hedi, Fassbinder se marcha a Berlín a preparar la puesta en escena de la obra de teatro *Hedda Gabler* (1973). Esto le sirve también como excusa para desentenderse de su pareja, de la que ya estaba harto. El argelino, sin darse por aludido ante el abandono, va tras él y alquila una casa que el realizador no pisa ni una sola vez. Tampoco le atiende cuando va a buscarlo a la puerta del teatro en el que está trabajando. Es más, Salem iba todos los días a esperarlo a una cafetería que había frente a la sala, incluso cuando Fassbinder ya se encontraba de vuelta en Múnich sin que él lo supiera.

Un buen día, Salem se ve envuelto en una reyerta y acaba apuñalando a tres personas. Se dicta entonces una orden de busca y captura y tiene que salir de Alemania, iniciando un periplo que le lleva por Francia, Bélgica y Holanda. Salem pide ayuda a Fassbinder en varias ocasiones, pero este no atiende ninguna de ellas y se despreocupa por completo. A partir de ese momento, los problemas del argelino con la bebida y la depresión se acentúan hasta que en 1977 acaba ahorcándose en la prisión de Nimes. La noticia de su muerte no llega a oídos de Rainer hasta el año 1982, en pleno rodaje de *Querelle*, y decide dedicarle la película: «A mi amistad con El Hedi ben Salem», rezan los títulos de crédito.

El año 1976 se convierte en un nuevo punto de inflexión en la vida de Fassbinder, ya que es cuando comienza a abusar de las drogas de manera descontrolada. Todo se inició después de haber conocido a una chica exdrogadicta por la que siente fascinación y a la que no deja de interrogar acerca de su experiencia con las drogas. Tal fue esta atracción hacia los paraísos artificiales, que empezó a tomar drogas en grandes cantidades, mezclando sustancias de forma indiscriminada, entre las que se encontraban la cocaína y la heroína.

Hubo un momento, poco antes de morir, en el que llegó a consumir hasta ocho gramos de coca a diario. Michael Fengler, productor de *El matrimonio de Maria Braun* (1978) y coproductor de *Querelle*, describía así esta última etapa: «Lo echaron de un hotel, luego de otro y de un tercero. Tomaba tanta coca y Dios sabe qué otras cosas que perdía el control de los esfínteres y todo su cuarto, hasta las paredes, estaba sucio de materia fecal. También había mucha sangre porque sus mucosas estaban ulceradas y sangraba constantemente por la nariz».

El 10 de junio de 1982, después de haber realizado una entrevista para un documental sobre su figura titulado *El mago de Babilonia* (Dieter Schidor, 1982), Fassbinder se siente especialmente cansado y se marcha a dormir. Horas más tarde, Juliane, su pareja en aquel momento, lo encuentra muerto. Entre sus manos tenía un cigarro consumido y las notas de una nueva película, *Rosa Luxemburgo*. La autopsia determinó que había sufrido un accidente cerebrovascular debido a una sobredosis de barbitúricos y cocaína. Tan solo cuatro meses antes había ganado el Oso de Oro en el Festival Internacional de Cine de Berlín por *La ansiedad de Veronika Voss* (1981) y comentó, de forma algo jocosa, que no usaba las drogas que aparecen en la película.

Está claro que la fuerza autodestructiva del genio alemán se lo llevó por delante. Siempre vivió en la cuerda floja y, finalmente, terminó por caer a un vacío que ya llevaba acariciando desde el día que nació. Haciendo a un lado los juicios de valor, la realidad es que este realizador maldito dejó tras de sí una ingente producción artística con la que consiguió retratar la Alemania en la que le tocó vivir y que lo convirtió en uno de los directores más conocidos y reconocidos del mundo, además del máximo exponente del llamado Nuevo Cine Alemán, movimiento cinematográfico que prácticamente se dio por clausurado tras su desaparición.

LAS PIEZAS DEL MUSEO

La expresión artística, cuando nos referimos a esa práctica que tiene como principal finalidad acabar en museos y/o galerías, ha sido un medio especialmente eficaz para exteriorizar los sentimientos más profundos del ser humano. Es quizá por eso por lo que el mundo de la imagen y la estética, en el más amplio sentido de la palabra, ha sido la disciplina escogida por aquellos que albergaban en su interior un universo tan grande que no les quedaba más remedio que plasmarlo en su trabajo, ese que ha llegado hasta nuestros días como testimonio artístico y social de una época. Y es que desde las paredes de los museos, las galerías de arte o las salas de exposiciones, las obras de multitud de creadores han permanecido como observadoras mudas del paso del tiempo. En nuestro caso, además, la expresión de la disidencia y de sus vivencias mediante las distintas disciplinas artísticas también se ha convertido en una herramienta imprescindible para hacer frente a la marginación, la injusticia, la invisibilidad o, simple y llanamente, para combatir al silencio en el que nuestras identidades se encontraban sumidas.

Sin embargo, es necesario aclarar, en este apartado mejor que en ningún otro, que hay cierto elitismo a la hora de catalogar las diferentes manifestaciones artísticas de esta índole, puesto que cabe preguntarse por qué una pintura, una performance o una escultura, es decir, aquellos artefactos que se conservan en los museos, son tomados más en serio que una copla bien cantada, un baile popular o una actuación de transformismo.

En este último capítulo, como viene siendo ya tradición, se quedarán fuera muchas figuras *queer* del universo museístico. Una de las más llamativas quizá sea la de José Pérez Ocaña, figura clave de la pintura y el arte performativo en los años de la Transición y un referente del que muchos beben todavía. Su muerte prematura, con tan solo treinta y seis años, no impidió que fuera capaz de crear un sentido estético propio y un discurso que, incluso a día de hoy, se puede considerar adelantado en cuanto a lo identitario y en consonancia con los actuales postulados de la teoría *queer*. Así pues, Pepe Ocaña se convirtió en un referente involuntario de la disidencia sexogenérica de los años de la posdictadura y, por eso mismo, los recuperadores de la memoria disidente lo hemos alzado a nuestros altares. Él fue capaz de dar una de las primeras pinceladas de color a una España que llevaba casi cuarenta años instalada en el blanco y negro.

En el entorno del propio Ocaña nos encontramos también con otro artista imprescindible en el arte disidente del siglo XX. Nazario Luque, pintor sevillano afincado en Barcelona y amigo íntimo de Ocaña, es considerado el padre del cómic *underground* español y uno de los historietistas gais más importantes junto a Tom of Finland o Ralf König. Suyo es, entre otros, el personaje Anarcoma, una mujer trans-travesti que imita a Sara Montiel y se mueve por las calles de la Barcelona más sórdida. En la actualidad, sus obras se exhiben en el Museo Nacional Centro de Arte Reina Sofía de Madrid, en el Centro Andaluz de Arte Contemporáneo o el Museo Nacional de Arte de Cataluña. También le han concedido la medalla de oro de las Bellas Artes, el Premio Pablo Ruiz Picasso de la Junta de Andalucía y el premio internacional de cómic de Barcelona, entre otras menciones.

Si nos retrotraemos a la ya más que revisada generación del 27, entre sus filas nos encontramos, ya no solo con escritores, poetas y ensayistas, sino también con artistas de la talla de Maruja Mallo que, aunque no fuera lesbiana, sí que se convirtió en todo un símbolo de resistencia, en una rebelde de su género y en una diva gay pictórica en los años ochenta. Ella fue una pintora surrealista que, como tantas otras, tuvo que exiliarse tras la Guerra Civil para seguir con vida. Residió en Argentina, donde rápidamente alcanzó el reconocimiento artístico, y viajó por Uruguay, Brasil o Chile. En los años sesenta vuelve a nuestro país, donde se haría un hueco en los círculos artísticos de la época muy cercanos a la movida madrileña. Acabaría muriendo con noventa y tres años, en la última década del siglo xx. Ella, junto a Margarita Manso, Federico García Lorca y Salvador Dalí, un buen día de los años veinte decidió quitarse el sombrero en la Puerta del Sol, lo que provocó que acabara siendo increpada por los viandantes, ya que este era considerado un gesto de rebeldía. Por tanto, a ella también le debemos el acuñamiento del término de «las Sinsombrero» cuando se habla de las mujeres de la generación del 27.

Otro integrante de esa troupe, que bien se merecería un capítulo para él solo, es Gregorio Prieto. Este pintor se relacionó con personalidades como Alberti, Picasso o Miró y fue gran amigo de Luis Cernuda, con el que convivió durante su estancia en Londres. También de Federico García Lorca, al que realizó los decorados de *La zapatera prodigiosa* cuando se representó en el King's College en el año 1939 a modo de homenaje después de su asesinato. En París tuvo contacto con las corrientes surrealistas y el cubismo y participó en la Bienal de Venecia de 1926. También estudió en Academia Española de Bellas Artes de Roma. Sin duda, uno de los integrantes de la generación del 27 con más bagaje y, al mismo tiempo, con menos reconocimiento en la actualidad.

Saliendo de nuestras fronteras, también queremos pincelar rápidamente la figura de Robert Mapplethorpe, un fotógrafo que tambaleó los cimientos de la América más moralista con sus retratos de desnudos masculinos con una clara mirada homoerótica. También fotografió flores, algo que le apasionaba, y se convirtió en el retratista de los famosos. Grace Jones, Patti Smith, Deborah Harry o Andy Warhol posaron ante su solicitado objetivo. El 9 de marzo de 1989, con tan solo cuarenta y dos años, Robert pasó a engrosar la lista negra de víctimas del sida.

Vemos, por tanto, que el catálogo de artistas que han usado la imagen como herramienta subversiva es muy amplio. De hecho, ya sabemos que el arte tuvo un papel importantísimo en la visibilización de la pandemia del sida, esa que nadie, ni personas ni instituciones, quería ver. Y fue gracias a artistas como Keith Haring —que en Barcelona pintó el mural titulado «Todos juntos podemos parar el sida» (1989)—, Pilar Albarracín —con su performance *Sangre en la calle* (1992) o su obra *VIH* (1996)— o las asociaciones Radical Gai y LSD, que usaron el arte como vehículo de protesta callejera en los peores años de la pandemia.

Mención especial se merece Pepe Espaliú, uno de los artistas con mayor proyección internacional en los años ochenta y que, una vez diagnosticado, se enfocó en generar reflexión, representación y protesta a través de sus piezas. De entre todas, especialmente conocida es la obra *Carrying* (1992), una performance en la que Pepe se desplazaba por las calles de San Sebastián sostenido en brazos de amigos y conocidos, sin tocar el suelo en ningún momento. Según decía, los enfermos de sida tenían que «seguir en el mundo sin tocar el mundo, seguir caminando sin tocar la tierra». «"Carrying" significa literalmente "transportar". Su uso metafórico expresa la acción humanitaria que consiste en atender a enfermos terminales de sida», explicaba el propio Pepe en un reportaje para Televisión Española.

Esta acción performativa nació como broche final a un taller que Espaliú había impartido en Arteleku con la participación de John Greenberg, de ACT UP, entre otros. Más tarde, el 1 de diciembre de 1992, al mismo tiempo que se publicaba su tribuna en *El País*, repetía la acción artística en Madrid. Esta vez el recorrido se iniciaba en la plaza de las Cortes, junto al Congreso de los Diputados, y finalizaba en el Museo Reina Sofía, haciendo antes una parada frente al Ministerio de

Sanidad. En este caso, la intervención pretendía denunciar la inacción del Gobierno frente al avance de la epidemia, así como reclamar medidas reales que aliviaran el sufrimiento de los enfermos y de sus familiares. En el recorrido madrileño, el artista fue sostenido por diferentes personalidades públicas, entre las que se encontraban Alaska o Pedro Almodóvar. Incluso Carmen Romero, esposa de Felipe González, presidente del Gobierno en aquellos momentos, portó el cuerpo enfermo de Pepe. Esto hizo, una vez más, que la acción ocupara páginas de periódicos y medios de comunicación, visibilizando de nuevo la lucha contra el sida.

Sirva, por tanto, este último capítulo como una forma de reflexión y confirmación de lo que ya hemos venido mostrando a lo largo de estas páginas. Es decir, del gran poder que la imagen, la palabra y el arte en general tienen sobre nuestras identidades y sobre la actitud que adoptamos para movernos por el mundo. Porque ningún margen, por muy lejos que se encuentre, nos podrá privar de ser el centro de nuestras propias existencias.

PEPITO ZAMORA
(Madrid, 1892 - Sitges, 1971)

> Pepito Zamora no tiene la menor pretensión hombruna, y se muestra y conduce con una naturalidad sorprendente en medio de su anomalía, sin darse por enterado de ello.
>
> Rafael Cansinos Assens, *La novela de un literato* (1982)

Tres personajes emperifollados, vestidos de punta en blanco y con su toquecito de maquillaje en la cara, recorren las calles del Madrid de la segunda década del siglo XX. Van de antro en antro y de fiesta en fiesta buscando la diversión en cada esquina. Uno de ellos es ni más ni menos que un aristócrata, el controvertido escritor decadentista Antonio de Hoyos, marqués de Vinent. Su gusto por la estética dandi y su más que reconocida homosexualidad tienen escandalizada a una sociedad que podría ser considerada progresista, pero no tanto. La segunda juerguista es la ya revisada Tórtola Valencia, todo un referente exótico de la danza internacional y con un gusto por las mujeres que la convierte en una bisexual, cuando no lesbiana, ilustre. La tercera pata de este banco es nuestro protagonista Pepito Zamora, un dibujante, figurinista de teatro, diseñador, cartelista, guionista y un sinfín de cosas más que hizo de la pluma y de la extravagancia estética su marca personal. «Habla y gesticula como una jovencita, en quien la feminidad fuera congénita», insiste el escritor Rafael Cansinos Assens —primo, además, de la actriz Rita Hayworth— en sus memorias cuando se refiere a Zamora.

No obstante, estas no serían las únicas amistades excéntricas de nuestro artista. El escritor sicalíptico y compositor de cuplés Álvaro Retana, quien se hiciera denominar a sí mismo «el novelista más guapo del mundo» y que fuera acusado de beber semen de jóvenes en un copón bendito, fue su compañero de colegio a la par que buen amigo. Así pues, parece ser que la sicalipsis y la vida licenciosa persiguieron a Zamora desde sus más tempranos años.

Con estas amistades, no hace falta ser muy inteligente para darse cuenta de que Pepito Zamora fue una de las más destacadas figuras del arte frívolo que dominó la escena cultural española del primer cuarto del siglo XX, justo antes de la gran oscuridad franquista. Es la época de los cuplés, de la revista musical, de la sicalipsis, del decadentismo y de las manifestaciones artísticas que van más allá de la mera formalidad intelectual. Pero también es la época de las vanguardias y de las grandes generaciones, tales como la del 14 o la del 27, un periodo que vino a denominarse la Edad de Plata, debido a la gran y diversa producción artística que surgió en estos años.

Esta corriente no solo se dio en España, sino también en el resto de Europa, quizá con más ahínco. Es por eso por lo que a principios de la segunda década del siglo pasado, Zamora se marcha a París, el epicentro de las vanguardias por excelencia. Allí colabora con Paul Poiret, un diseñador de alta costura que siempre ha sido considerado el Picasso de la moda debido a su reconocido prestigio. Entre sus hazañas también se cuenta la liberación de la mujer del corsé gracias a sus diseños que pretenderían renaturalizar la figura femenina o su buen gusto a la hora de vestir a princesas y aristócratas de media Europa. Sin embargo, también fue el responsable de la falda trabada, que impedía un cómodo caminar de la mujer: «Sí, liberé el busto, pero encadené las piernas», llegó a decir.

Después de colaborar con Poiret, nuestro Pepito Zamora trabaja con diferentes empresarios teatrales y se convierte en el principal cartelista de la sala Bataclan, consagrada en aquellos años a la revista musical. En el tiempo que pasa en la capital de Francia, consigue integrarse y moverse como pez en el agua entre los círculos más sofisticados de la élite intelectual y artística parisina. Por desgracia, el estallido de la Primera Guerra Mundial en 1914 dio al traste con sus planes y se ve obligado a volver a España.

En nuestro país continúa relacionándose con lo más granado de la sociedad, desde Gloria Laguna, aristócrata rebelde muy cercana a la escritora Emilia Pardo Bazán y abiertamente lesbiana, a referentes intelectuales como Ramón Gómez de la Serna o Valle-Inclán. De hecho, Zamora llegó a asistir a las famosas tertulias del café de Pombo que organizaba el propio Gómez de la Serna, conocidas por su carácter progresista y muy próximo a las vanguardias. Es quizá por eso por lo que se interrumpieron en 1936, año en que estalla la ya mencionadísima en mil ocasiones Guerra Civil, y nunca más se volvieron a restaurar.

Esta es para él una época muy fructífera en el terreno laboral. Hace ilustraciones para libros y vuelve a trabajar para la revista *La Esfera*, con la que ya había colaborado antes de marcharse a París. Además, diseña vestidos y también decorados de teatro. En 1918 abre su primera casa de modas en el barrio madrileño de Salamanca y en este mismo año dibuja los trajes para la compañía de ballet ruso de Serguéi Diáguilev, otro ilustre homosexual que se ha convertido en un referente universal de la danza clásica. Concretamente, realiza el diseño de *Noche en los jardines de España*, una obra de Falla que Diáguilev se propuso adaptar a ballet.

Sin embargo, Zamora no se conforma con el dibujo, el diseño y la pintura en todas sus vertientes, sino que, empujado por su espíritu creativo inquieto, decide también adentrarse en el mundo de las letras. Quizá inspirado por sus amigos Antonio de Hoyos y Álvaro Retana, escribe un puñado de novelitas frívolas tales como *Princesas de aquelarre* (1914), *Los cabritos* (1921) o *Farsa* (1926), entre otras. Estas obras pasarán sin pena ni gloria, pero le servirán de divertimento y cachondeo con sus amigos escritores. Muchos años después también se adentrará en el mundo del cine y escribirá el guion de *La reina del Chantecler* (Rafael Gil, 1962), película protagonizada por la mismísima Sara Montiel.

En algún momento de los años veinte vuelve a París. En esta ciudad, que ya conoce bastante bien, se codea con personalidades tan relevantes como la diseñadora Coco Chanel, la escritora Colette, la bailarina Joséphine Baker o el director

Jean Cocteau, con el que ya estamos familiarizados. También triunfa a nivel artístico diseñando figurines para el Folies Bergère, el Casino de París y el Théâtre Mogador. Además, abre una tienda en la Rive Gauche, la zona más bohemia y sofisticada de la ciudad que solía ser visitada por los artistas e intelectuales más relevantes del momento.

Fiel a su espíritu indomable, se marcha de París cuando está en lo más alto porque se siente asfixiado, según cuenta al periodista Rafael Martínez Gandía en una entrevista en el número 13 de la revista *Crónica*, fechada en enero de 1935 y que se titula «José Zamora, o el conquistador de Atenas»: «¡París, París! Yo creo que para un hombre de buen gusto, como yo, no queda nada que hacer allí. Todo el mundo va a París. El artista acaba por encontrarse allí un poco asfixiado. Entonces se va. Yo, por lo menos, me fui. Y no crea usted que lo siento». En esta charla también cuenta que ha estado viviendo en la Costa Azul donde se ha dedicado a celebrar fiestas de todo tipo. Una de ellas, la Fiesta de los Cinturones de Castidad, consistía en ponerle a las mujeres unos cinturones con una cerradura que él mismo había diseñado y darle una llave a los hombres para que probaran en los diferentes candados hasta que consiguieran abrirlos. Quien hiciera encajar llave y candado, se llevaría una grata sorpresa. También dice que ahora vive en Atenas, donde tiene una casa de modas con más de cuarenta trabajadoras. Allí se trasladó año y medio atrás gracias al ofrecimiento de un admirador suyo de origen griego —este «admirador griego» no es otro que José Constantinides, su pareja sentimental hasta el día de su muerte—. También cuenta que tenía previsto estrenar una obra en Madrid, pero que «tal como están las cosas, no puede ser». Y más adelante hace referencia a «esa guerra que nos están anunciando todos los días desde que acabó la otra, y que yo creo que algún día ha de llegar para que no quede mal la gente...».

Y, de hecho, año y medio después la anunciada Guerra Civil llegó. El conflicto y los primeros años del franquismo los pasa de nuevo en París, quizá por miedo a acabar como su amigo Antonio de Hoyos que murió ciego, sordo y abandonado en las cárceles franquistas al poco de terminar la contienda o como su otro compañero de aventuras, Álvaro Retana, que pasó una temporada condenado a muerte, aunque su pena finalmente fuera conmutada. No obstante, una vez más, no tendrá más remedio que volver a España de forma casi forzada por culpa del estallido de la Segunda Guerra Mundial y tras la ocupación de Francia por parte del ejército nazi en 1940.

En Madrid pasa una temporada, donde comienza su declive económico y laboral, y en el verano de 1948 se instala de forma definitiva en Sitges. Pero no llega solo, sino que lo hace de la mano de su inseparable Pepe el Griego, como ya lo conoce todo el mundo. En este lugar, espacio relativamente seguro de la homosexualidad clandestina, la pareja se adapta bastante bien. Participan en todo tipo de eventos sociales y culturales y Pepito parece entenderse más o menos con el aparato franquista. En 1956, por ejemplo, lo invitan a diseñar el escaparate de la Oficina de Turismo de España en París para promocionar Sitges, ya que en Francia su fama todavía le precede. No obstante, su época dorada ya había pasado y las dificultades económicas los asedian cada vez más. César González-Ruano, un periodista amigo de la pareja, cuenta sus impresiones en su *Diario íntimo (1951-1965)* (1970) tras visitarlos en Sitges en abril de 1964: «Le quiero a Pepito y a José, el griego. Es sencillamente admirable esta elegancia suya de mostrarse siempre de buen humor aun en temporadas bien adversas. Jamás le he oído lamentarse de nada. Sigue jugando al joven frívolo a sus años. Hace falta para esto ser, de verdad, muy poco frívolo. Hace falta tener un alma muy seria para estar siempre riéndose. Hace falta ser muy hombre para empeñarse a través de una larga vida en no parecerlo».

Poco antes de morir, ya prácticamente olvidado, Zamora escribe en el catálogo de la que sería su última exposición, finalmente póstuma: «Creo firmemente que Pirri, El Cordobés, Manolo Escobar y Alfonso Paso son las personalidades que nos merecemos». Quizá esta fue su venganza contra nuestro país, la manera que tuvo de reprocharle el olvido al que fue sometido tras años de éxitos fuera de nuestras fronteras.

Pepito Zamora muere finalmente el 4 de diciembre de 1971 en la más absoluta de las ruinas. Sin posibilidad de poder pagarse una sepultura, el ayuntamiento de Sitges le cede un nicho. Dos días después, Pepe el Griego, incapaz de soportar la ausencia de su pareja durante tantos años, acaba muriendo también. Sus restos, al contrario de los de Zamora, no son recogidos por ninguna institución y acaban siendo arrojados a una fosa común.

De esta forma, termina la aventura de uno de los personajes más reconocidos de principios del siglo xx, que bebió del arte frívolo como si lo hiciera de una teta sagrada y que terminó, como desgraciadamente suele ocurrir con muchos artistas disidentes de esta época, en el más absoluto olvido, tanto por parte de admiradores como de instituciones públicas y privadas.

FRANCIS BACON
(Dublín, 1909 - Madrid, 1992)

> Nunca consigo ser tan violento como lo que me rodea.
>
> Declaración de Francis Bacon
> en referencia a sus obras

Un buen día del año 1963, Francis Bacon estaba trabajando tranquilamente en su estudio cuando, de repente, un joven, apuesto y torpe ratero se resbaló por la claraboya del techo y cayó a sus pies. El pintor, que no perdía nunca la oportunidad de intentar intimar con todo aquel que se le cruzara, le ofreció al ladronzuelo compartir cama y, a cambio, le prometió que podría llevarse lo que quisiera del taller. El inexperto caco, por lo visto, accedió a la proposición y se mantuvo a su lado durante ocho años.

Esta anécdota, que no deja de ser una leyenda urbana creada por el propio Bacon, ha sido repetida una y otra vez a la hora de relatar la forma en que el artista, uno de los pintores más importantes del siglo xx, conoció a George Dyer, su pareja y muso durante casi una década. La realidad de este primer encuentro, sin embargo, parece que fue mucho más prosaica, puesto que todos los indicios apuntan a que se conocieron en la anodina barra de un bar del Soho. No obstante, todo lo que vino después en esta relación sí que fue cualquier cosa menos cotidiana.

En primer lugar, y en esto sí va bien encaminada la leyenda, Dyer era un ratero de poca monta, prácticamente analfabeto. Bacon disfrutaba humillándolo delante de sus amistades, entre las que se encontraban las élites intelectuales británicas, por este motivo. El joven, por su parte, correspondía estas afrentas montando constantes escándalos en público, denunciándolo a la policía por cultivo de marihuana —cosecha que, en realidad, era suya— o escenificando más de un intento de suicidio. Por otro lado, y como buena relación tóxica que era, Bacon lo convirtió en su modelo, retratando a su amante en multitud de obras tales como *Three Studies for Portrait of George Dyer* (1963), *Portrait of George Dyer in a Mirror* (1968) o *Study of George Dyer* (1970), entre otras.

Sin embargo, las constantes reticencias de la troupe de Bacon a admitir a Dyer en su círculo, o quizá por culpa del cansancio ante tanto conflicto, provocaron que el pintor se aburriera y tomara la decisión de romper la relación. Una relación que había generado un profundo vínculo de dependencia en el joven, dicho sea de paso. Tras este resquebrajamiento sentimental, Bacon aceptó a regañadientes que el joven amante le acompañara a un último evento. Concretamente, a la inauguración de la retrospectiva sobre su figura que había organizado el Grand Palais de París en 1971.

Esto fue considerado todo un hito, ya que era la segunda vez en su historia que este lugar le dedicaba una retrospectiva a un artista vivo, tras haberlo hecho con Picasso en el año 1966. Tal era la relevancia del acontecimiento, que incluso el mismísimo Georges Pompidou, presidente de Francia, había confirmado su asistencia a la inauguración. Algo que no era de extrañar, puesto que en aquellos momentos Bacon era el pintor vivo más famoso del mundo y uno de los más importantes del siglo xx junto al ya mencionado Picasso.

Nada más llegar a París, Dyer se dedicó a beber y a discutir con Bacon durante los pocos ratos que pasaron juntos. Por la noche, el pintor decidió no dormir en la habitación que compartían en el Hôtel des Saints-Pères, ya que, según cuentan, Dyer había buscado compañía masculina y Bacon no tenía ese día especial interés en la actividad sexual. Así que se marchó a pasar la noche a la habitación de Terry Danziger-Miles, un trabajador de la galería amiga Marlborough de Londres, la cual lo representaba. A la mañana siguiente, cuando Bacon volvió a la habitación, se encontró el cuerpo de Dyer sin vida, sentado en el retrete del baño. Como se sabría más tarde, la muerte fue provocada por una ingesta masiva de barbitúricos y de alcohol. No obstante, lo que nunca se llegaría a aclarar es si se trató de un suicidio consumado o de una nueva llamada de atención que se le fue de las manos al joven.

Enseguida cundió el pánico ante la posibilidad de que la gran inauguración fuera cancelada si la noticia se hacía pública, por lo que el equipo de Bacon junto con la dirección del hotel decidió ocultar el fallecimiento hasta que el evento pasara. Las fotos e imágenes de Bacon ese día muestran a un artista pletórico y sin el más mínimo atisbo de tristeza en su rostro ante la idea de tener el cuerpo sin vida de su pareja durante ocho años en la habitación, algo que contrastaba, al parecer, con lo que realmente sentía por dentro. Para culminar esta situación, ya de por sí folletinesca, una de las obras expuestas en esta retrospectiva era el tríptico *Three Figures in a Room* (1964) en el que Dyer aparecía desnudo, sentado en un retrete. Tras la muerte de Dyer, Bacon, a quien le costaría recuperarse de este duro golpe, seguiría retratándolo, quizá en un intento por no olvidarlo. La primera obra póstuma sería *In memory of George Dyer* (1971), a la que le seguirían un buen puñado de composiciones más.

La identidad de Bacon se había construido en torno a la violencia. De hecho, él solo sabía relacionarse a través de ella. Por eso mismo, la tortuosa relación con Dyer no fue la única que mantuvo a lo largo de su vida. Años antes, en 1952, el pintor había conocido a Peter Lacy, un expiloto de combate de la Batalla de Inglaterra, en el contexto de la Segunda Guerra Mundial. En esta relación, el rol de Bacon era justo el contrario al que había adoptado con Dyer, convirtiéndose en un amante sumiso y maltratado. Y es que Lacy era extremadamente violento, con constantes palizas y humillaciones hacia su pareja que se enmarcaban en las prácticas sadomasoquistas a las que ambos eran aficionados. La culminación de estos episodios vendría cuando Peter, en un ataque de ira y con un alto nivel de alcohol en sangre, acabó arrojando a Bacon por una ventana. John Richardson, un historiador de arte que conoció a Bacon en aquellos años, relató tiempo más tarde que tuvieron que darle varios puntos en un ojo y estuvo a punto de perderlo.

Finalmente, Lacy se traslada a vivir a Tánger y, poco después, Francis va en su busca ante la imposibilidad de vivir sin él y tras comprobar la relativa permisividad que había en la ciudad en cuanto a la homosexualidad —al menos, en comparación con aquella Gran Bretaña de los años cincuenta—. Allí el artista se dedica a pintar de forma frenética, aunque acaba destruyendo la mayoría de su obra en un intento por olvidar a su amante, quien le había inspirado y al que también había retratado en obras como *Study for Portrait of P.L. No. 1* o *Study for Portrait of P.L. No. 2* (ambas fechadas en 1957). Años después, y tras haber conseguido dejar atrás la violenta relación, Bacon recibe la noticia de la muerte del que siempre consideró uno de los grandes amores de su vida. Era mayo de 1962, un día antes de la inauguración de una retrospectiva sobre su obra en la Tate Gallery de Londres. Esta gran pérdida sentaría el precedente de la que vino después, en la víspera de su otra gran noche en París.

Bacon era plenamente consciente de la estrecha relación que había entre el amor y la muerte en su vida personal, algo que acabó confesando a Michael Peppiatt, su biógrafo, tiempo después: «Todos aquellos a los que amé se mataron con el alcohol o se suicidaron. Yo no sé por qué atraigo a ese tipo de gente, y no hay nada que hacerle».

Se dice que su exacerbado gusto por la violencia le venía de la infancia. Su padre, un exmilitar tiránico que se dedicaba a la cría de caballos de carreras, no soportaba el amaneramiento de su hijo. Tampoco el asma que sufría, una señal de debilidad y falta de masculinidad, según consideraba. El joven Bacon empezaría muy pronto con sus andaduras sexuales, ya que tuvo algún que otro *affaire* con los mozos de cuadra que trabajaban para su padre, quienes lo penetraban de forma salvaje, incluyendo otras prácticas como latigazos y humillaciones. Su progenitor, al enterarse de su gusto por los hombres y tras pillarlo travistiéndose con la ropa de su madre, lo acaba expulsando de la casa familiar cuando tenía tan solo dieciséis años. A partir de entonces, comienza un periplo que le lleva a prostituirse por las calles de Londres y más tarde a aterrizar en Berlín y Francia, donde entra en contacto con el arte de una forma más amplia. No es hasta su vuelta a Londres, en 1929, cuando comienza a tomar clases de pintura y, ahora sí, a pintar de manera recurrente.

Los últimos años de su vida los pasa yendo y viniendo a España y, más concretamente, a Madrid. En esta ciudad se encuentran dos de sus grandes pasiones: el Museo del Prado y un nuevo amor. El joven amante, de nombre José Capelo, le había escrito tiempo atrás una carta de admiración tras haber visitado una de sus exposiciones en Londres y, tras un fluido intercambio de correspondencia, acaban conociéndose en persona. La diferencia de edad, de más de cuarenta años, no impidió que Bacon disfrutara de un último gran romance donde se mezclaba la intelectualidad, el buen gusto y el respeto, algo muy diferente a lo que estaba acostumbrado. Como ya venía siendo habitual, este amor también quedó inmortalizado en los últimos trabajos del pintor, tales como *Study for Portrait (José Capelo)* (1990).

Al mismo tiempo que visita a su amante, Bacon también aprovecha para, siempre que puede, contemplar los cuadros de Goya y Velázquez en el Prado, pintores por los que sentía gran debilidad. A Velázquez, sin ir más lejos, lo consideraba el mejor pintor del mundo. No en vano, el *Retrato de Inocencio X* (1650) le tenía obsesionado. Tanto es así, que a lo largo de su vida llegó a hacer en torno a cuarenta revisiones de esta obra en su *Estudio del Retrato del Papa Inocencio X de Velázquez*.

En los últimos días de su vida, los médicos recomendaron a Bacon que no viajara a Madrid, tal y como tenía previsto hacer. Su salud, ya bastante quebradiza debido a su edad, se había debilitado aún más tras haber sido intervenido del riñón y con un asma galopante que lo llevaba acosando desde niño. Según algunas fuentes, el traslado a Madrid tenía como objetivo reconciliarse con José, con quien había roto hacía poco tiempo. Sin embargo, otras apuntan a la supervisión de la exposición que estaba organizando la galería Marlborough. Independientemente del motivo principal de su visita, la realidad es que Francis Bacon acaba muriendo de un paro cardiaco el 28 de abril de 1992, diez después de haber pisado nuestro país, en la clínica Ruber de Madrid. Fue incinerado en el cementerio de la Almudena y sus cenizas, trasladadas a Londres. No hubo ningún tipo de ceremonia, tal y como había indicado, por lo que uno de los pintores más importantes del siglo XX se fue, por voluntad propia, con la máxima discreción posible.

Por su parte, la exposición que venía preparando en Madrid, finalmente se inauguró el 8 de octubre de ese mismo año, ya de forma póstuma. Así pues, la muerte, una vez más, lo visitó antes de una de sus exposiciones. La única diferencia es que en esta ocasión la parca había venido a por él.

PEDRO LEMEBEL Y LAS YEGUAS DEL APOCALIPSIS
(Santiago de Chile, 1952 - Santiago de Chile, 2015)

Pero no me hable del proletariado
porque ser pobre y maricón es peor.

Poema-manifiesto
«Manifiesto (hablo por mi
diferencia)» (1986)

Una yegua irrumpe en el campus Juan Gómez Millas, donde se encuentra la Facultad de Arte de la Universidad de Chile. Sobre ella van montados dos hombres completamente desnudos, uno detrás del otro, los cuales avanzan entre la multitud que allí se ha congregado para participar en una protesta estudiantil que ha acabado con la toma de la facultad. Junto a ellos desfilan a pie las poetas Carmen Berenguer, Carolina Jerez y Nadia Prado que se van adentrando, poco a poco, en el campus. Estamos en el año 1988 y acabamos de asistir a la performance *Refundación de la Universidad de Chile*, llevada a cabo por los artistas Francisco Casas y Pedro Lemebel, más conocidos como las Yeguas del Apocalipsis.

Con esta intervención, los dos creadores chilenos pretendían, en primer lugar, parodiar la figura del conquistador —poniendo la mirada sobre todo en Pedro de Valdivia— y, por otro, hacer referencia a la homosexualidad masculina, algo especialmente valiente si tenemos en cuenta que nos encontramos en plena dictadura de Pinochet. Al mismo tiempo, y según explicó Casas, esta performance también hacía alusión a la leyenda de Lady Godiva en la que se cuenta que esta dama anglosajona consiguió que su marido bajara los impuestos a sus vasallos a cambio de pasearse desnuda por el pueblo sobre un caballo. De esta forma, las Yeguas del Apocalipsis también pretendían reclamar el derecho de las minorías a ingresar en la universidad.

El propio nombre de guerra de estos dos artistas ya es de por sí combativo. Aunque no está del todo claro su origen, parece ser que tiene mucho que ver con la pandemia del VIH/sida, otro de los pilares fundacionales de su trabajo. Y es que en aquellos años esta enfermedad era considerada la pandemia del siglo, una plaga de proporciones bíblicas. Por eso, y en alusión directa a los jinetes del Apocalipsis, ellos decidieron convertirse en su versión femenina, las Yeguas del Apocalipsis. Por otro lado, es más que probable que también pretendieran apropiarse del insulto, puesto que «yegua» es una forma de referirse de forma despectiva a los homosexuales en Chile, y así resignificarlo para acabar convirtiéndolo en parte de su identidad artística: «Somos yeguas y tenemos una marca», afirmó Casas en una entrevista.

El trabajo de Lemebel y Casas puso en el centro a las minorías oprimidas y sus intervenciones giraron en torno a temas como la cuestión de clase, el colonialismo, las infancias disidentes, la represión política o la ya mencionada pandemia del sida: «No nos gusta la palabra gay, hueón, la encontramos que es despectiva, ¿no? No se adapta, hueón, con lo que es un homosexual pobre en Chile, hueón. O sea, nosotros reivindicamos la loca, hueón [...]. El maricón, hueón, que lo tiran de un décimo piso, hueón, porque busca amor», declaró Lemebel, acompañado de la coletilla chilena por excelencia, en una entrevista.

Gran parte de las acciones de este colectivo no se han podido documentar, ya que solían ser espontáneas, pero aun así supusieron un revulsivo en el activismo por las minorías en su Chile natal. Entre sus acciones, podemos destacar *La conquista de América* (1989), una intervención en la que ambos artistas bailaron descalzos encima de botellas de Coca-Cola rotas sobre un mapa de Sudamérica el Día de la Hispanidad. Con ello pretendían escenificar la sangre derramada en el proceso de colonización española, así como el soporte dado por parte de Norteamérica a las dictaduras latinoamericanas y en una clara alusión a la situación que estaba viviendo Chile, con la dictadura militar todavía vigente.

En noviembre de ese mismo año también realizaron una instalación en el Instituto Chileno-Francés titulada *Lo que el sida se llevó* (1989) que consistía en una serie de treinta fotografías tomadas por el artista Mario Vivado en la que Lemebel y Casas homenajeaban figuras de la cultura como Buster Keaton, Marilyn Monroe o las hijas de la obra de Lorca, *La casa de Bernarda Alba* (1936).

Sin embargo, una de las fotografías más famosas e impactantes de este dúo artístico es la de *Las dos Fridas* (1989), una escenificación del cuadro pintado por Frida Kahlo en el año 1939 en la que Casas y Lemebel aparecen caracterizados como la propia pintora y conectados por una sonda de transfusión de sangre. En la foto se encuentran cogidos de la mano y con la parte superior del cuerpo descubierto, lo que dota de una gran fuerza a la escena.

En el año 1993, después de más de un lustro juntos y un sinfín de intervenciones artísticas, las Yeguas del Apocalipsis se separan de forma definitiva, aunque ambos artistas ya llevaban un tiempo realizando proyectos independientes. Pedro Lemebel se encuentra completamente centrado en la escritura, labor por la que acabaría destacando y convirtiéndose en una de las principales voces de las letras hispanoamericanas del momento. Roberto Bolaño, autor del ya clásico contemporáneo *Los detectives salvajes* (1998) y amigo personal del autor, fue el responsable de su despegue internacional. Gracias a él pudo publicar en España, en la editorial Anagrama para ser exactos, su segundo libro, *Loco afán. Crónicas de sidario* (2000), que ya había sido editado en Chile en el año 1996. Como su propio título indica, esta obra es una recopilación de crónicas en la que Lemebel habla de forma abierta sobre la homosexualidad, poniendo especial énfasis en la cuestión del sida y en la identidad travesti, algo a lo que el escritor siempre estaría muy pegado.

A partir de este momento, se generaría un creciente interés internacional por su trabajo como cronista de las realidades disidentes de Chile en particular y de Latinoamérica en general. Después de *Loco afán* vendrían otros libros de crónicas como *De perlas y cicatrices* (1998), *Zanjón de la Aguada* (2003) o *Adiós, mariquita linda* (2004), entre otros títulos que seguirían la estela de acercamiento a las minorías y las disidencias.

La novela *Tengo miedo torero* (2001) supone su única incursión en la narrativa de ficción. Esta obra, publicada de forma paralela en Chile y en España, cuenta la historia de La Loca del Frente, un homosexual afeminado que se enamora de un apuesto militar y al que acaba ayudando a perpetrar un atentado contra Pinochet. La novela se convirtió en un éxito inmediato, siendo uno de los libros más vendidos en su año de publicación, y fue traducida al inglés, al francés y al italiano. En el año 2020 el director Rodrigo Sepúlveda estrenó su adaptación cinematográfica con un Alfredo Castro, actor de reconocido prestigio en toda Latinoamérica, en el papel protagonista.

Pero sin duda uno de sus textos más conocidos y replicados es el manifiesto que leyó en un acto del Partido Comunista en la Estación Mapocho de Santiago, hoy convertido en Centro Cultural, en el año 1986. Allí apareció subido en unos tacones, travestido y maquillado con una gran hoz que le nacía de la boca y un martillo que le cruzaba la cara. Este poema-intervención-declaración política versaba sobre la identidad marica y su intersección con lo político. Fue, sin duda, un texto que dejó estupefactos a los allí presentes: «Es marica pero escribe bien / Es marica pero es buen amigo / Súper-buena-onda / Yo no soy buena onda / Yo acepto al mundo / Sin pedirle esa buena onda / Pero igual se ríen / Tengo cicatrices de risas en la espalda». El manifiesto, que acabaría siendo publicado en *Loco afán*, termina con una declaración de intenciones, sin duda el leitmotiv del trabajo de este escritor:

«Hay tantos niños que van a nacer / Con una alita rota / Y yo quiero que vuelen compañero / Que su revolución / Les dé un pedazo de cielo rojo / Para que puedan volar».

En 2011 Lemebel es diagnosticado de cáncer de laringe y, un año más tarde, operado en dos ocasiones, lo que provoca que pierda la voz y tenga que servirse de un laringófono para hablar. No obstante, este no fue impedimento alguno para que siguiera trabajando, con más ahínco incluso, ya que sabía que no le quedaba mucho tiempo. En 2012 lanza un nuevo libro de crónicas, *Háblame de amores*, que presenta en la Feria del Libro de Guadalajara, una de las más importantes en habla hispana. También fundó una organización ciudadana de izquierda que abogaba por la redacción de una nueva constitución en Chile y en 2013 se le concede el Premio José Donoso, uno de los más prestigiosos de Latinoamérica. A pesar de su falta de voz, también realizó algún recital y siguió haciendo performances. Una de ellas, quizá la última de su vida, consistía en quemar un abecedario pintado en el suelo con material inflamable, escenificando la idea de que no iba a volver a escribir nunca más.

Su presencia en actos se fue reduciendo de manera paulatina hasta que acabó retirándose de forma casi definitiva de la vida pública. Su último acto fue el día 7 de enero de 2015, cuando apareció por sorpresa en un homenaje que se le había organizado en el marco del Festival Internacional Santiago a Mil. Los médicos que lo estaban tratando le habían prohibido de modo tajante que asistiera, puesto que ya se encontraba en estado terminal. Aun así, él llegó en silla de ruedas y saludó a todo aquel que se le acercó. Llevaba un pañuelo que le cubría la cabeza y un ramo de rosas sobre el regazo que alguien le había regalado. Allí tuvo la oportunidad de despedirse de sus amigos y seguidores, ya que apenas dos semanas después, el 23 de enero, moriría en la Fundación Arturo López Pérez, lugar en el que ya había ingresado varias semanas atrás por el agravamiento del cáncer de laringe que padecía.

Pedro Lemebel en realidad se llamaba Pedro Segundo Mardones Lemebel, pero optó por el apellido de su madre en homenaje al universo femenino, ese que siempre fue un aliado: «Todo lo que he aprendido lo he aprendido de las mujeres, en realidad», dijo en una entrevista de radio. En esa misma entrevista contó que también adoptó este nombre artístico porque «Lemebel» es un apellido inventado: «Yo rescaté el apellido de mi madre porque es un apellido inventado. Inventado por mi abuela. Mi abuela cuando se fugó de su casa no quería que la encontraran y se puso Lemebel».

Pedro fue un luchador incansable a favor de las minorías, de los marginados, de los expulsados sociales, de a los que nadie quería escuchar. Mantuvo una militancia de izquierda activa, a la par que crítica, en un país profundamente conservador y fue la voz de las travestis, de las locas, de las putas. También mantuvo un fuerte compromiso con la visibilidad de las personas con VIH y señaló los estragos que estaba causando una enfermedad que las instituciones se empeñaban en invisibilizar, situación que se replicaba de manera muy similar en el resto del mundo. «Cómo es la vida, yo arrancando del sida y me agarra el cáncer», llegó a decir de forma irónica una vez que le diagnosticaron la enfermedad. Desde luego, este Lemebel fue imprevisible hasta para morir.

Él siempre decía que no creía que hubiera nacido para el amor. «Yo invento el amor para otros. Mi pareja es la escritura, me plazco con mi escritura. Aprendí a reafirmarme solo y a duras penas me acostumbré a eso», confesó en el documental póstumo sobre su figura, *Lemebel* (Joanna Reposi, 2019). Quizá Lemebel no sabía, o no quería saber, que en realidad había puesto la semilla del amor en muchos corazones a través de su prosa, de sus afectos, de su cuidado en el uso del lenguaje. Un amor que ha atravesado barreras y que ha trascendido el espacio y el tiempo. Un amor que nos hace recordarlo cada vez que una loca se pinta los labios y sale a la calle dispuesta a patearle con todas sus fuerzas el culo a la normatividad.

COSTUS

> Nuestro pasado no hay quien nos lo borre. Está ahí. Y lo mejor que podemos hacer es hacerle frente.
>
> Declaración de Costus en el programa de TVE *La tarde* (5 de junio de 1987)

«Un enfermo de sida demanda al dueño de su casa por discriminarle». Bajo este titular, el periódico *El País* publicaba el día 28 de julio de 1988 la noticia acerca de la demanda que habían presentado Enrique Naya (Cádiz, 1953 - Badalona, 1989) y Juan Carrero (Palma de Mallorca, 1955 - Sitges, 1989) a su casero por haber cambiado la cerradura de la casa que habían alquilado cuando se enteró de que uno de ellos había estado hospitalizado por complicaciones derivadas del sida. Este dúo artístico, que había tenido gran influencia en los tempranos años de la movida, no tardó en organizar una rueda de prensa para dar a conocer el hecho, que se consideraba el primer caso conocido de discriminación de este tipo en Cataluña. En palabras de ellos mismos, el acto había sido convocado, sobre todo, para «denunciar la discriminación social que sufren los enfermos de sida», algo que era la tónica habitual a lo largo y ancho del mundo en aquellos años ochenta. Finalmente, y quizá gracias a la presión social, la querella fue ganada y la pareja pudo seguir viviendo en la casa. No obstante, al poco tiempo Enrique acabaría muriendo a consecuencia de la enfermedad y Juan, su compañero artístico y sentimental durante más de catorce años, suicidándose justo un mes después.

Este es el trágico final de dos artistas que habían brillado con luz propia en los albores de la transformación política y social que vivió nuestro país, ese movimiento artístico-cultural que vino a llamarse movida madrileña. Ellos se ganaron a pulso el título de pintores vanguardistas y de promotores de esta corriente, ya que su casa, la famosa Casa Costus en el barrio madrileño de Malasaña, se convirtió en el punto de encuentro de las máximas personalidades artísticas de aquella época y en un hervidero de proyectos que quizá nunca hubieran visto la luz si este refugio no hubiera existido.

Pero vayamos por partes, ya que la historia de estos dos artistas da para mucho. Enrique y Juan se conocen en 1974 en la Escuela de Artes y Oficios de Cádiz y un año más tarde se trasladan a Madrid. Enrique se instala con un tío suyo, un coronel que años después acabó siendo condenado por participar en el intento de golpe de Estado del 23-F, mientras que Juan lo hace con su tío Luis Sanguino, un artista que había sido responsable de algunas esculturas del Valle de los Caídos. Allí terminan sus estudios en la especialidad de Dibujo Publicitario que les sirve, en primera instancia, para encontrar unos trabajos con los que pagar las facturas:

mientras que uno se coloca en la Dirección General de Tráfico, el otro lo hace en una empresa de menaje del hogar y ollas a presión. Sin embargo, lo que ellos realmente quieren es dedicarse al mundo del arte, al de la pintura para ser más exactos. Algo a lo que se encaminan a paso lento pero seguro.

En el año 1977 conocen al que sería uno de sus mejores amigos hasta el final de sus vidas, el cantante y *showman* Tino Casal, y juntos comienzan a relacionarse con la flor y nata de ese mundo artístico que había emergido tras la muerte de Franco. Este será también el año en el que se trasladarán a la calle Palma número 14, la ya mencionada Casa Costus, que se convertirá en el centro neurálgico de aquel movimiento contracultural español que estaba dando sus primeros pasos. Por aquella casa desfilaron nombres de la talla de Alaska, Carmen Maura, Pedro Almodóvar, Pablo Pérez-Mínguez, Tino Casal, Carlos Berlanga, Manuel Piña o Fabio McNamara, quien además estuvo viviendo con ellos durante una temporada. Este lugar también se convirtió en un improvisado set de rodaje, ya que fue escenario de la primera película de Almodóvar, *Pepi, Luci, Bom y otras chicas del montón* (1980). Los pintores, además, llegaron a participar como improvisados actores y sus cuadros se convirtieron en el decorado perfecto de aquella historia de masoquismo, amas de casa insatisfechas y erecciones generales.

1978 es el año en el que empiezan a colaborar juntos, ya que hasta la fecha habían desarrollado su carrera por separado, con varios proyectos y exposiciones ya a sus espaldas. En el verano de este año reciben el encargo de decorar las paredes de un bar cercano a su casa, La Vía Láctea, y deciden pintarlo juntos debido al gran tamaño de los murales. Un par de años después, esta colaboración puntual acaba consolidándose a través de *La marina te llama*, una serie dedicada a las gitanas Marín, las muñecas flamencas por excelencia. En este proyecto Enrique pintaba las figuras y algún que otro fondo mientras que Juan se dedicaba a los trajes y al resto de los fondos.

En 1981 comienzan a tocar con la punta de los dedos su ansiado sueño. Y es que a finales de 1980 habían conocido a Fernando Vijande, el galerista más importante de la movida —responsable de, entre otras hazañas, traer a Warhol a España en 1983—, y en mayo del 81 firman un contrato con él. El marchante se había quedado prendado con su trabajo y les pide que inauguren su nueva galería, algo que acaba ocurriendo el 16 de octubre de ese mismo año con la exposición «El chochonismo ilustrado», una selección que incluye tanto obras nuevas como individuales de periodos anteriores. Según reza en la web de los artistas, gestionada por el hermano de Juan, este evento «fue un momento mágico de explosión de creatividad. Esta exposición supuso el reconocimiento de los pintores Costus y su afianzamiento como personajes de la movida. Además, al estar con un galerista de la talla e importancia de Fernando Vijande su carrera cogió impulso y velocidad». A partir de este momento adoptan de forma oficial el nombre artístico de Costus, que no es otra cosa que el diminutivo de «costureras», oficio con el que ambos se sentían muy identificados por su manera de trabajar. Eso sí, no queda muy claro quién fue el verdadero artífice de este sobrenombre. Algunas fuentes señalan a Jesús Ordovás, el famoso periodista musical, mientras que otras se lo atribuyen a Francisco Umbral o a su amigo Fabio McNamara.

La colaboración con Vijande resultó muy satisfactoria por ambas partes, por lo que enseguida se anunció una segunda exposición titulada «El Valle de los Caídos» en la que Costus ya llevaban tiempo trabajando. Sin embargo, la llamada de confirmación del galerista nunca llegó, algo que supuso un duro e inesperado golpe para la pareja y un acicate para que se decidieran a dar, de una vez por todas, un giro a su vida.

Así pues, hastiados de Madrid, deciden poner rumbo a México en busca de nuevas oportunidades. Allí se instalan con el artista Luis Sanguino, el tío de Juan con el que se había ido a vivir nada más llegar a Madrid y que en 1978 había cruzado el charco en busca de proyectos profesionales. En el país Latinoamericano Sanguino se encuentra muy bien posicionado y, debido a estas importantes influencias, el dúo de artistas espera poder entrar por la puerta grande. Sin embargo, el éxito no es el esperado y en la Navidad de 1982, apenas cuatros meses después de haber llegado a México, deciden volver.

De nuevo en España se instalan temporalmente en El Puerto de Santa María, en una casa de los padres de Juan, pero no tardan mucho en retornar a Madrid, primero a casa de su querido Tino Casal y más tarde a un nuevo apartamento para ellos solos.

A finales de 1984 exponen en la galería SEN y al año siguiente están presentes por primera vez en la feria de arte contemporáneo ARCO, una de las más importantes de nuestro país. Al mismo tiempo, Chase Manhattan Bank organiza una exposición en el MoMA, incluyendo obras que había comprado de ellos. De esta forma, Costus llegó a compartir cartel con lo más granado del arte contemporáneo español del momento en uno de los museos más prestigiosos del mundo. Este será el año, no obstante, en el que dejarán Madrid de forma definitiva y se instalarán de nuevo en El Puerto de Santa María.

En 1987 inauguran por fin la ansiada exposición «El Valle de los Caídos» en Casa de Vacas, gracias al Ayuntamiento de Madrid. En las obras que componen esta serie aparecen representados grandes amigos como Ana Curra, Fabio McNamara, Alaska, Bibiana Fernández o Tino Casal, entre otros. Alaska, por ejemplo, escenifica una Piedad, mientras que Tino Casal protagoniza un cuadro de título *Caudillo* en el que aparece sosteniendo una enorme bandera con el Valle de los Caídos de fondo. Toda una resignificación del franquismo, del imaginario religioso y de conservadurismo de nuestro país.

La buena racha les duraría poco y 1988 se convierte en su *annus horribilis*. En primer lugar, porque la pareja atraviesa una gran crisis. Tanto es así, que incluso la idea de separarse sobrevuela sus cabezas. Como primera medida, Juan decide poner tierra de por medio durante una temporada y se marcha de gira con su amigo Tino Casal, que está en plena promoción de su disco *Lágrimas de cocodrilo* (1987). Aunque Juan no toca ningún instrumento, se dedica a hacer *playback* instrumental por los escenarios de media España y por los platós de televisión. Cuando termina la gira, se alquila un piso en Sitges con la intención de estar cerca de Barcelona, ya que se avecinan los Juegos Olímpicos y esta puede ser una gran oportunidad para un artista emergente como él.

Por su parte, Enrique está cada vez más irritable, uno de los grandes motivos por los que la relación sentimental comenzó a tambalearse. Cada dos por tres cae enfermo y a duras penas consigue terminar los encargos que tiene pendientes. Preocupado por su estado de salud, se realiza chequeos de todo tipo hasta que finalmente llega el temido diagnóstico, ese que tantas personas recibieron en los años ochenta. Juan se mantiene a su lado y, tras pasar varias semanas hospitalizado, ambos deciden trasladarse a Sitges, encontrándose con el ya mencionado capítulo del cambio de cerradura. El propietario aducía que no iba a conseguir volver a alquilar el piso si la gente se enteraba de que había vivido en él alguien con sida.

Finalmente, el 3 de mayo de 1989, y tras pasar sus últimos días en el hospital de Badalona, Enrique muere por complicaciones derivadas del sida. Justo un mes después, en la noche del 3 al 4 de junio, Juan se quita la vida. Estaba atravesando una fuerte depresión y, al parecer, la mezcla de la gran pérdida con el temor a un posible diagnóstico positivo le hizo tomar esta decisión.

Juan y Enrique. Enrique y Juan. Tanto monta, monta tanto. Ellos fueron un dúo de pintores que consiguieron darle un toque de brillo y frivolidad a una España que llevaba casi cuarenta años sumida en la seriedad de los uniformes militares de la dictadura franquista. Vivieron en un momento en que se necesitaba que los símbolos de nuestro país fueran resignificados. Ellos y su troupe lograron construirse un paraíso artificial para evadirse de todo lo que aún estaba mal: la falta de derechos, el rechazo social de la homosexualidad o el infierno de una pandemia que se los estaba llevando a todos por delante, entre otras problemáticas. Y esa evasión fue, en parte, gracias a su casa, la Casa Costus, que se convirtió en un lugar seguro, un espacio en el que cada uno podía ser como quisiera. Sin necesidad de guardar etiquetas ni de atender mandatos sociales. También gracias a ellos, grandes genios universales como Pedro Almodóvar pudieron salir del cascarón y comenzar a entrever la luz del éxito del que hoy disfrutan. Además, cantantes como Alaska o Tino Casal, voces de una generación de insatisfechos sociales, pudieron ahondar en sus procesos creativos dentro de este vivero artístico. En el otro lado, también fueron, en el tramo final de su historia, el rostro visible de aquellos enfermos de VIH/sida que morían lentamente en sus camas y que tenían que enfrentarse cada mañana a la marginación, al rechazo y al desprecio provocado por la ignorancia de toda una sociedad.

España tiene una deuda con Costus, al igual que también la tiene nuestro colectivo. Ellos fueron unos artistas visibles que se enfrentaron a una sociedad que todavía estaba muy verde en cuanto a tolerancia y respeto hacia la diversidad. Pusieron la primera piedra de la cultura pop tal y como hoy la conocemos, hicieron de la frivolidad un estilo y convirtieron sus identidades en el epicentro de sus creaciones. Y es que cada una de sus obras tenía su marca y, gracias a que consiguieron trascender lo identitario, se transformaron en universales. Porque el chochonismo ilustrado, no lo olvidemos, será siempre eterno.

Epílogo
ESTUVIMOS, ESTAMOS Y ESTAREMOS

Con este último apartado damos por finalizado este somero repaso a algunos nombres propios del panorama artístico-cultural disidente del siglo XX. Desde luego, podrían haber sido muchos, muchísimos más, puesto que se han quedado fuera nombres que, aun siendo imprescindibles, no se han incluido por distintos motivos —de espacio, mayormente—. La criba ha sido dura y reitero mis disculpas a todos aquellos que se merecían un hueco en este libro y no lo han tenido.

Eso sí, espero haber cumplido el objetivo que se apuntaba al inicio del volumen y haber convertido estas páginas en una celebración de la diferencia, en un arma contra el olvido y en una herramienta de (re)educación de todas aquellas personas que siempre han creído que nunca antes habíamos existido y que hemos aparecido, cual setas en el campo, en pleno siglo XXI de la mano del conglomerado de siglas. No en vano, historia tras historia hemos podido confirmar que los artistas disidentes siempre han estado ahí, orbitando alrededor de la normatividad. En la televisión, en las revistas o en la radio. Ocupando espacios públicos, aunque en ocasiones fuera de formas especialmente discretas.

Las vidas de estos personajes a veces han corrido mejor suerte y otras, por desgracia, han acabado defenestrándose de manera estrepitosa y hundiéndose en el mayor de los ostracismos. Es más, hemos podido ver que, si hay algo que muchos de ellos tienen en común en sus biografías, es el olvido al que, tarde o temprano, han acabado siendo empujados. La mayoría terminaron sus días convertidos en la sombra de lo que fueron, sobreviviendo en un mundo sobre el que ya no ejercían ningún poder y sin el reconocimiento que merecían, tanto en el terreno artístico como en el personal. Este fue, sin ir más lejos, uno de los principales motivos que me alentó a escribir este libro, el del deseo de reconocerles una mínima parte de la dignidad que tanto merecen.

Por otro lado, indagar en nuestra memoria, tirar del hilo y desentrañar la maraña en la que a veces se convirtieron sus vidas, me ha llevado a sentir, por momentos, una profunda rabia. ¿Cómo es posible que haya personas que han conseguido tanto, que han sido castigadas por regímenes opresores o que se las han ingeniado de mil y una formas para sobrevivir y que a día de hoy pongamos cara de póquer cuando escuchamos sus nombres? ¿Acaso no somos genealogía? ¿Acaso lo que hicieron en el siglo pasado estos antepasados no ha tenido un efecto directo en nuestras vidas y en los derechos que hoy disfrutamos? Ellos pusieron sus cuerpos para que nosotros pudiéramos transitar por ellos hasta la libertad y, una vez llegados al otro lado, ni siquiera hemos sido capaces de volver la mirada y agradecérselo.

La memoria es, sin duda, el pegamento de los marginados. De aquellos que se han visto obligados a luchar para ser reconocidos, respetados y valorados como seres funcionales y que no han tenido más remedio que demostrar, a base de manifestaciones públicas, que no eran ni enfermos ni delincuentes ni viciosos ni pervertidos ni ninguna otra cosa terrible que se empeñaban en atribuirnos.

Desde luego, si hay algo claro en todo esto es que estuvimos, estamos y estaremos, y que no habrá presión, legislación o régimen que nos haga desaparecer. Porque tenemos la fuerza de la existencia, el poder de la identidad y la voluntad de la transgresión. Y que por mucho que nos pisen, estaremos aquí, siempre aquí. Agazapados u orgullosos. Encarcelados o en libertad. Corriendo delante de los grises o sentados en las tribunas del Congreso. Condenados por la Iglesia o protegidos por las leyes humanas. No importa lo que quieran hacer con nosotros que siempre iremos *palante*, terriblemente *palante*, como diría nuestra beata Ocaña.

Estamos preparados, desde hace siglos, para narrarnos y para protegernos unos a otros. Para contar nuestras historias y las de todos aquellos que son como nosotros. Y es que, por muchos retos que tengamos por delante y por mucho que intenten ponernos la zancadilla, siempre habrá algo que nunca, jamás, nos podrán quitar: las ganas irrefrenables de ser contados por y para los demás. Espero humildemente que esta obra sirva, aunque sea tan solo un poquito, como vehículo de dicha voluntad.

Madrid - Granada, diciembre de 2024

Agradecimientos

El nacimiento de un libro, desde que surge la idea y encuentra editorial hasta que acaba en las manos de su autor, es un proceso arduo en el que intervienen muchas personas, tanto de forma directa como indirecta. Por eso, enfrentarse al apartado de agradecimientos resulta abrumador, ya que, por mucho empeño que se le ponga, siempre se acabará escapando algún nombre importante. No obstante, las ganas de agradecer superan al miedo a olvidarse de alguien, así que aquí van mis agradecimientos.

En primer lugar, gracias a Alberto Marcos —mi ángel de la guarda editorial— y a Álvaro Domínguez. Si no nos hubiéramos juntado para tomar aquellos vermús, hace ya un par de años, este libro nunca hubiera existido. Eso sí, nuestras reuniones entre mimosas nos alejan de las butacas de los teatros, por mucho que seamos unas maricas teatreras.

Gracias también a César Vallejo. De camino a Gredos, en ese último tramo del rodaje del documental sobre Sonia Martínez, entré en pánico porque aún no tenía título para este ensayo. Tú, dos días después y sin demasiados artificios —como siempre sueles hacer—, me regalaste este precioso título.

Gracias a los amigos y conocidos que me han ayudado, en algunos casos sin ni siquiera saberlo, a afinar algunos datos de personajes que aparecen en el libro: Lidia García, Miguel Fernández o Diego Pinillos son fuentes de conocimiento de las que siempre hay que beber.

Gracias a mis editores, Cristina Lomba y a su predecesor, David Andrés. Confiar en este tipo de proyectos es un espaldarazo a todos aquellos que nos dedicamos a la recuperación de las memorias disidentes.

Gracias a tantos otros compañeros y compañeras, algunos de ellos grandes amigos, que hacen del pasado su mayor Orgullo: Valeria Vegas, Cristina Domenech, Ramón Martínez, Otto Más, Mikel Herrán, los ya mencionados Miguel Fernández y Lidia García, Alberto Conejero, Alejandro Melero, Josep Maria Miró... La lista, aquí sí que sí, podría ser interminable.

Gracias, cómo no, al equipo de *Cine de Barrio*: Gustavo Jiménez, Jesús Generelo —gran guionista y mejor activista, o viceversa—, Cristina Zamorano, María Ortega, Lorena Barrio o Inés Ballester son tan solo algunos nombres de esta gran familia que siempre me hace sentir como en casa.

Gracias especiales a mi querida Machús Osinaga. Eres la luz de donde el sol la toma y tenerte cerca es uno de los grandes regalos que me ha dado la vida últimamente.

En lo personal, gracias a Rocío, Kike y Sara, mi tríada andaluza sin la que la vida sería insoportable. Ya se podrían resquebrajar las capas tectónicas y abrirse las entrañas de la Tierra, que yo me sentiría a salvo a vuestro lado.

Gracias a mis amigos de Madrid, esos que, sin sus cuidados y compañía, este humilde escritor sería mucho más triste, aburrido y solitario en una ciudad que no deja de intentar tragarse la poca humanidad que le queda: Luana Magnabosco, Olga Alamán, Gonzalo y Alberto —mis Bigotes—, Maeva, Laura Jabois, Fernando Pozo, David Mingorance, los recién incorporados Homies... Madrid es más bonita con vosotros en sus calles.

Gracias también a Luismi. A tu lado empecé este proyecto y sin ti lo termino. La vida nos dio tantas vueltas que al final nos acabamos mareando.

Gracias a Javi. Contigo he aprendido que no hace falta comprender para entender. Ojalá mi memoria nunca deje de impregnarse de tu nombre.

Y, por supuesto, gracias a todos esos valientes que consiguieron dejarnos un mundo mejor que el que se encontraron. A los que lucharon con todas sus fuerzas para que llegara el día en que pudiéramos florecer en paz, sin miedo al color ni a la forma de nuestros pétalos. A los que están y a los que se fueron. A los que dieron la cara y a los que se la partieron. A los que tienen nombre propio y a los que ni siquiera eso le permitieron. Por muy repetitivo que resulte, este libro solo ha sido posible gracias al profundo respeto, aprecio y admiración que siento por ellos. Que no quepa ni la más mínima duda.